Fruchtig frisch mit Frusip's

Jean Pütz · Christine Niklas

Fruchtig frisch mit Frusip's

Mehr als 150 Rezepte mit Fruchtsirupkonzentraten

vgs

Die Deutsche Bibliothek – CIP-Einheitsaufnahme

Pütz, Jean:
Fruchtig frisch mit Frusip's : mehr als 150 Rezepte mit Fruchtsirupkonzentraten / Jean Pütz ;
Christine Niklas. – 1. Aufl. – Köln : vgs, 1997
(Hobbythek)
ISBN 3-8025-6206-2 Gb.

Die Vorschläge und Rezepte in diesem Buch sind von Autoren und Verlag nach bestem Wissen und Gewissen sorgfältig erwogen und geprüft. Die Informationen stellen aber keinen Ersatz für medizinische Betreuung jeglicher Art dar. Autoren und Verlag übernehmen keine Haftung für etwaige Personen-, Sach- und Vermögensschäden, die sich aus dem Gebrauch oder Mißbrauch der in diesem Buch dargestellten Rezepte ergeben.

Bildquellen:

S. 24 und S. 25: Rudolf Wild GmbH & Co KG, Eppenheim/Heidelberg
Alle übrigen Fotos: Cornelis Gollhardt, Köln/Stephan Wieland, Düsseldorf.
Grafiken: Designbureau Jochen Kremer/Gabi Mahler, Köln

2. Auflage 1997

Umschlaggestaltung: Kombo, Kommunikationsdesign GmbH, Köln
Redaktion: Martina Weihe-Reckewitz
Produktion: Wolfgang Arntz
Gesamtherstellung: Universitätsdruckerei H. Stürtz AG, Würzburg
Gedruckt auf chlorfrei gebleichtem Papier
Printed in Germany
ISBN 3-8025-6206-2

Inhalt

Liebe Leserinnen und Leser,

es gilt, ein nicht alltägliches Jubiläum zu feiern. Vor genau 20 Jahren kam der Verleger der vgs verlagsgesellschaft, Dr. Heinz Gollhardt, zu mir in die WDR-Redaktion, bestückt mit den bis zu diesem Zeitpunkt erschienenen Begleitheften zur Hobbythek. Diese sogenannten Hobbytips versandten wir von Anfang an, d. h. schon ab Dezember 1974, an interessierte Zuschauer.
Heinz Gollhardt überzeugte mich von dem möglichen Erfolg eines farbig gestalteten Begleitbuches, und so erschien das erste Hobbythekbuch Ende 1977. Zunächst entstanden auf diese Weise Jahresbände, in denen wir die Themen parallel zu den Hobbytips aufarbeiteten und zusätzliche Hintergrundinformationen lieferten. So gaben wir zwölf Jahresbände heraus, und ich weiß nicht, ob es Aberglaube war, aber beim 13. wechselten wir die Strategie. Die Hobbythek-Bücher gestalteten wir von nun an als Themenbände, zum Beispiel die beiden „Hobbythekbücher vom Essen" Nummer eins und zwei, dann das außerordentlich erfolgreiche Buch „Cremes und sanfte Seifen", das mittlerweile mit einer Auflage von über 300 000 Exemplaren alle Rekorde gebrochen hat. Es folgten weitere Bücher zu den Themen „Kosmetik" und „gesunde Ernährung".
Das zuletzt erschienene Buch „Darm & Po" stieß wiederum auf ungewöhnliches Interesse, haben wir doch – obwohl es erst seit November 1996 in den Buchhandlungen erhältlich ist – über 100000 Exemplare verkauft. Eine Gesamtauflage von etwa zwei Millionen Hobbythekbüchern zeigt auf jeden Fall, daß das Publikum über den Bildschirm hinaus „haltbarere" Informationen gerne annimmt.
Ich möchte mich hiermit sowohl bei meinem Verlag, der vgs verlagsgesellschaft, und ihrem Verlagsleiter, Dr. Heinz Gollhardt, als auch bei den Redakteuren, insbesondere Martina Weihe-Reckewitz, die mich betreut haben, meinen Co-Autoren, aber ganz besonders bei meinen Lesern herzlich für die Treue, die Sie uns in der langen Zeit entgegengebracht haben, bedanken. Einbeziehen möchte ich an dieser Stelle auch die vielen Millionen Fernsehzuschauer, denen wir es zu verdanken haben, daß die Hobbythek im Kampf um die Quoten ganz gut dasteht und derzeit gerade wieder eine Renaissance erfahren hat.
Daß wir das scheinbar alltägliche Thema „Frusip's" für würdig befunden haben, einen Jubiläumsband zu gestalten, hat einen eher persönlichen Grund. Eigentlich bin ich ein Genießer und habe mich früher ziemlich gedankenlos ernährt, bis die ersten gesundheitlichen Probleme auftauchten: erhebliche Kreislauf- und Verdauungsbeschwerden. Doch ich fand früh genug Ärzte, die mich auf meine ungesunde Lebensart aufmerksam machten. Erster Lösungsansatz: Mehr Ballaststoffe. (Ausführliches dazu im Hobbythekbuch „Darm & Po".)
Parallel dazu sorgte ich aber auch für eine höhere Vitamin- und Mineralstoff-

aufnahme. Gerade in letzter Zeit bestätigten wieder einige wissenschaftliche Studien, daß diese zur Verhütung vieler Krankheiten – bis hin zu Krebserkrankungen – eine außerordentliche Rolle spielen. Wir von der Hobbythek waren es, die zum ersten Mal auf die Bedeutung des Spurenelements Selen für die Krebsverhütung aufmerksam machten (siehe „Das große Hobbythek-Diätbuch"). Im Dezember 1996 waren die Zeitungen voll von Berichten über eine amerikanische Studie, in der noch einmal deutlich wurde, daß Selen als Vorsorge gegen bestimmte Krebsarten, insbesondere Darm-, Magen-, Leber-, Blasen- und Prostatakrebs, geradezu sensationelle Eigenschaften habe. Sie erinnern sich als treuer Hobbythekler vielleicht, daß wir schon vor über fünf Jahren, als erste Ergebnisse einer Forschergruppe der Universität Rostock vorlagen, dafür sorgten, daß Selen als Nahrungsmittelzusatzstoff in Kapseln zusammen mit weiteren Antioxidantien wie Beta-Carotin, Vitamin C und Vitamin E unter dem Namen „Antiradikx" auf den Markt kam.
Der dritte Punkt meiner neuen Lebensweise hieß mehr Bewegung. Überwinden auch Sie Ihren Bequemlichkeits-Schweinehund, Sie werden es garantiert nicht bereuen.
Churchill wurde übrigens mit seinem berühmten Ausspruch: „No sports" gehörig mißverstanden. Er bezog sich nur auf Streßsituationen. Da irrte er sich allerdings, denn das bei Streß vom Körper ausgeschüttete Hormon Adrenalin baut sich am schnellsten durch Bewegung ab.
Aber es gibt noch ein weiteres wichtiges Kriterium, wenn man sich seine Gesundheit bis ins hohe Alter bewahren möchte: Viel Trinken! Insbesondere ältere Menschen verstoßen häufig gegen dieses Gebot und wundern sich darüber, daß sie so viel Probleme mit Kreislauf, Nieren und Blase haben. Als ich einmal eine winzige Embolie in den feinen Aderkapillaren der Augennetzhaut hatte, die bis zu vorübergehenden Sehstörungen führte, machte mich mein Augenarzt darauf aufmerksam, daß mein Blut – populär ausgedrückt – viel zu „dick" sei. Die Ursache läge darin, daß ich nicht mein tägliches Pensum von zwei bis drei Litern Flüssigkeit pro Tag zu mir nähme.
Der Mechanismus ist leicht zu verstehen, denn die Flüssigkeit, die über den Darm in das Innere des Körpers, d. h. zunächst in das Blut und die Lymphe, abgegeben wird, verdünnt die Körperflüssigkeiten, um, nachdem Nährstoffe, Vitamine und Mineralien an den Körper abgegeben wurden, über die Nieren ausgeschieden zu werden. Bis dies aber geschieht, bleibt Wasser – vor allen Dingen das mit den Getränken aufgenommene – im Kreislaufsystem und verdünnt das Blut. Seitdem ich diesen für mich außerordentlich bedeutsamen ärztlichen Rat befolge, ist der beängstigende Thromboseeffekt in meiner Netzhaut nie mehr aufgetreten.
Nun habe ich mich damals schon sehr intensiv damit auseinandergesetzt, wie man sich wohl so viel Flüssigkeit einverleiben könnte, ohne sich Gewalt anzutun. Das einzige, was übrig bleibt, ist zu trinken, was einem schmeckt.
Es soll abwechslungsreich, aber auch gesund sein, nicht viel Zucker enthalten, und schnell und ohne großen Aufwand herzustellen sein. Die Lösung waren Fruchtsirupkonzentrate in vielen verschiedenen Geschmacksrichtungen. Wir haben dem Kind auch einen Namen gegeben, der mittlerweile als Gebrauchsmuster gesetzlich geschützt ist: Frusip's. Achten Sie ganz besonders auch auf das Apostroph in Form eines Tropfens, dann wissen Sie, daß es sich tatsächlich um die hier beschriebenen Konzentrate handelt. Der Tropfen symbolisiert unter anderem, daß Sie nur sehr viel kleinere Mengen benötigen als bei herkömmlichen Sirups. Daß diese wunderbaren Konzentrate auch zur Zubereitung zahlreicher Speisen verwendet werden können, dafür finden Sie im Rezeptteil dieses Buches viele Vorschläge und Rezepte.

Ihr

Über das Trinken

Die Aufnahme einer ausreichenden Menge Flüssigkeit ist außerordentlich wichtig für die Gesundheit. Selbst wenn man den Flüssigkeitsgehalt in unserer festen Nahrung berücksichtigt, sollten wir immerhin pro Tag über alle Altersstufen hinweg 1,5 bis 2,5 Liter trinken.
Dabei spielt natürlich auch das beliebteste Getränk der Deutschen, der Kaffee, eine entscheidende Rolle. Und er ist besser als sein Ruf. Bis zu einem Liter mittelstarker Kaffee bringt für diejenigen, die an diese Mengen Koffein gewöhnt sind, keine Probleme, es sei denn, Sie haben Schwierigkeiten mit dem Magen oder mit einem zu hohen Blutdruck. Kaffee steigert zwar den Blutdruck, aber er erhöht nicht das Herzinfarktrisiko. Natürlich empfehlen

Abb. 1: Die Aufnahme von Flüssigkeit ist für unsere Gesundheit sehr wichtig. Erwachsene sollten täglich mindestens 1,5 bis 2,5 Liter Flüssigkeit trinken.

wir von der Hobbythek Kaffee aus einem fairen Handel, den sogenannten TransFair-Kaffee, der auch den Kaffeeanbauern in der Dritten Welt ein Einkommen für sich und ihre Familien garantiert. Gleiches gilt für den TransFair-Tee, der im deutschen Lebensmittelhandel einen noch größeren Erfolg erzielen konnte: Er steht mittlerweile in den Regalen fast aller Supermärkte. Wer die anregende Wirkung des Koffeins schätzt, beim Kaffee aber Schwierigkeiten mit dem Magen hat, der kann ohne weiteres auf Tee umschwenken, denn das Thein ist dem Koffein sehr ähnlich.

Darüber hinaus sind Milchgetränke empfehlenswert, wenn Sie Milch vertragen. Diese Einschränkung muß gemacht werden, denn etwa 20 bis 30 Prozent der deutschen Bevölkerung vertragen Milch nur sehr schlecht, weil sie eine sogenannte Milchzuckerintoleranz haben. Ist das der Fall, sollte man Milch nur fermentiert genießen, also als Joghurt oder Käse. Auch auf diese Weise wird die Darmflora mit den wertvollen Milchsäurebakterien (siehe *Seite 46 f.*) angereichert, und man nimmt die gleiche Mineralstoffmenge auf, als wenn man die Milch pur trinken würde. Ab

Abb. 2: Kinder lieben Fruchtsäfte und Limonaden, doch diese strotzen oft nur so von Zucker. Frusip's sind hier eine schmackhafte und gesunde Alternative.

Abb. 3: Mit einer 250-Milliliter-Flasche Frusip's können Sie zehn Literflaschen köstliches Fruchtsaftgetränk herstellen.

Seite 43 finden Sie dazu einige interessante Rezepte in Verbindung mit den Frusip's.

Auch alkoholische Getränke wollen wir natürlich nicht außer acht lassen. Hierfür gilt aber die Erkenntnis des ersten Medizinforschers der Neuzeit, Paracelsus (1493 bis 1543), der im Zusammenhang mit der Heilwirkung von bestimmten Giften den berühmten Grundsatz formulierte: „Auf die Dosis kommt es an."

Das gilt zunächst einmal für Wein, aber auch für Bier (natürlich nur gebraut nach dem Reinheitsgebot), ebenso wie für andere alkoholische Getränke, bei denen Hefen aus eigener Kraft Zucker zu Ethylalkohol – auch Weingeist genannt – umformen. Hierbei werden höchstens Alkoholprozente von maximal 12 bis 14 Prozent erreicht. Das liegt daran, daß bei höheren Alkoholgehalten die Hefen wegen des konservierenden Charakters des Alkohols abgetötet werden. Aber der Mensch begnügt sich ja bekanntlich nicht mit solch natürlichen Effekten. Ihm ist es mit Hilfe des physikalischen Tricks der Destillation gelungen, den Prozentsatz auf 25 Prozent (für Liköre), 35 bis 45 Prozent (für Wein und Obstbrände) sowie bis auf 99 Prozent bei reinem Ethylalkohol zu erhöhen – mit vielen negativen Folgen. Bei Schnäpsen mit Prozentsätzen über 40 Prozent macht selbst die robusteste Schleimhaut der Speiseröhre und des Magens nicht mehr mit. Auf die Dauer sind bösartige Geschwulste und chronische Magengeschwüre beziehungsweise Magenschleimhautentzündungen keine Seltenheit. Doch gegen ein bis zwei Gläser Alkohol mit niedrigem Alkoholgehalt, getrunken beim Essen oder geselligen Beisammensein, ist wohl nichts einzuwenden. Das gilt auch für Longdrinks und Cocktails, die mit Fruchtsaftgetränken oder Frusip's auf verträgliche Alkoholprozente gebracht werden.

Alkohol in Maßen führt in gewisser Weise zu Entspannung, Rotwein enthält sogar gesundheitsfördernde Gerb- und Farbstoffe, und im Bier sind Vitamin B und gewisse Nährstoffe enthalten. Nicht vergessen sollte man die Flüssigkeit, die dem Körper zugeführt wird, weshalb Leichtbieren (zum Beispiel Kölsch) auch eine nierenanregende Wirkung zugeschrieben wird.

Aber bei allem gilt: Auf Abwechslung achten. Man sollte die größte Flüssigkeitsmenge in jedem Fall in Form von Obstsäften oder Mineralwasser beziehungsweise Limonaden und Fruchtsaftgetränken zu sich nehmen. Und da gab es bisher insbesondere für Kinder ein großes Problem. Fruchtsaftgetränke und Limonaden inklusive Cola-Getränke strotzen in der Regel von Zucker: In einem halben Liter dieser Getränke können bis zu 50 Gramm Zucker enthalten sein.

Außerdem haben wir uns schon immer darüber geärgert, daß alle Limonaden, Fruchtsaftgetränke und sogar fast alle Fruchtsäfte, die im Supermarkt angeboten werden, mit Hilfe von Konzentraten hergestellt werden. Warum gibt man dem Verbraucher nicht solche Konzentrate, damit er sie sich selbst verdünnen kann und die weniger Zucker enthalten?

Dies haben wir uns nun zum Ziel gesetzt. Natürlich stießen wir zunächst auf Schwierigkeiten, denn es kann schließlich nicht im Interesse der Getränkeindustrie liegen, den Verbraucher darüber aufzuklären, daß in einem Liter Getränk meist nur zwei bis drei Prozent Substanz enthalten sind. Dann könnte man ihm ja auch nicht die horrenden Preise abverlangen, die für diese Getränke auf die Ladentheke gelegt werden müssen. Das hat uns aber erst recht in unseren Bemühungen bestärkt. Außerdem hat das Ganze natürlich auch eine umweltbezogene Komponente: In einem Liter Limonade oder Cola befinden sich bestenfalls 10 bis 20 Gramm Konzentrat, der Rest ist Wasser, das in gleicher Qualität auch aus dem Wasserhahn entnommen werden könnte.

Dieses Wasser wird aufgrund der Bedingungen auf dem Lebensmittelmarkt quer durch Europa und zum Teil sogar von einem Kontinent zum anderen transportiert, in Behältern, die erheblich zum Transportgewicht beitragen. Selbst die wegen der Ressourcenschonung begrüßenswerte Mehrwegflasche ist unter diesem Aspekt gar nicht mehr so umweltfreundlich, wie das folgende Beispiel belegt: Eine 0,7-Liter-Mehrwegflasche wiegt leer etwa 600 Gramm. Mit dem Inhalt von 0,7 Liter Getränk kommt sie auf 1,3 Kilogramm. Fast die Hälfte des Gewichts besteht also bei klassischen Getränken aus Leergut. Wenn man jetzt noch das Gewicht des Wassers abzieht, dann könnten die Flaschen zum Transport der Konzentrate sehr viel kleiner sein. Es würden wesentlich weniger Rohstoffe benötigt, und im Vergleich zu den Mehrwegflaschen sind dann sogar die kleineren PET-Flaschen – ökologisch betrachtet – vorzuziehen.

Mittlerweile sind bereits über 1000 Tonnen Frusip's von den Verbrauchern verzehrt worden. Wenn man von einer 1:40 Verdünnung ausgeht, dann sind allein schon über 40 000 Tonnen weniger Getränke mit Lastwagen durch die Bundesrepublik transportiert worden. Aber nicht nur das: Wie Sie wissen, sind wir auch dafür verantwortlich, daß immer mehr Mineralwasserautomaten, mit denen man sein Mineralwasser selbst herstellen kann, Aufnahme in deutsche Haushalte finden. Wenn man das noch einmal dazurechnet, dann kommen wir mittlerweile auf über 100 000 Tonnen, die von deutschen Straßen verschwunden sind, eine Zahl, auf die wir stolz sind. Aber es gibt nicht nur ökologische Vorteile, auch Sie als Verbraucher werden erheblich erleichtert – im wahren Sinne des Wortes. Ich zum Beispiel wohne in einem Mehrfamilienhaus im dritten Stock und habe früher pro Woche mindestens drei bis vier Kästen Mineralwasser und andere Getränke viele Treppenstufen heraufschleppen müssen, nicht zu sprechen von den Fahrten mit dem Auto und der Zeit, die ich dafür aufgebracht habe. Das alles ist vorbei – dank Frusip's und Mineralwasserautomat.

Frusip's® – nur Wasser dazu, schon fertig

Frusip's – das erste Element

Schon im Jahr 1991 stellten wir in einer Hobbythek-Sendung die neuen Fruchtsirupkonzentrate vor und waren enttäuscht, daß wir nur einen relativ kleinen Kreis von Zuschauern dafür gewinnen konnten. Wir gingen dabei treu nach der damaligen Devise der Hobbythek vor, daß der Verbraucher alle einzelnen Rohstoffe, also das Konzentrat, die Geschmacks- und Aromastoffe in Form von ätherischen Ölen und die Fruchtsäuren, zum Beispiel Citronensäure oder Äpfelsäure, selbst zusammenmixen sollte. Das alles mußte zu Hause in exakter Dosierung sorgfältig zusammengebracht werden. Damit haben wir aber wohl die Menschen überfordert. Nachdem wir die Ursache für die mangelnde Akzeptanz erkannt hatten, galt es, einen Produzenten zu finden, der bereit war, Fertig-Konzentrate inclusive der Aromastoffe und Fruchtsäuren so zusammenzumischen, daß sie später nur noch mit Wasser verdünnt werden mußten. Erst nach viel Überzeugungsarbeit haben wir eine Firma gefunden, die dies verwirklichte.
Dabei war es unser Ziel, ohne Konservierungsstoffe auszukommen und nur rein natürliche Zutaten zu verwenden. Außerdem sollten die Konzentrate so wenig Zucker wie möglich enthalten und auch nur eigenen oder zusätzlichen Fruchtzucker. Als Fruchtsäure wählten wir die qualitativ hochwertige Äpfelsäure (siehe *Seite 15*).

Die ersten Rezepte haben wir selbst entwickelt, und dann kam uns ein glücklicher Zufall zu Hilfe: Eine der renommiertesten europäischen Firmen auf dem Markt der Fruchtsaftkonzentrate fand unsere Idee ebenso interessant, und sie machten sich mit uns an die Entwicklung neuer Rezepte. Und siehe da: Alle unsere Erwartungen wurden übertroffen, und mittlerweile gibt es über 40 Konzentrate, die, was die Vielfalt anbelangt, alles bisher Dagewesene in den Schatten stellen (siehe ab *Seite 22*).

Mit den Frusip's, wie wir diese Konzentrate nannten, können Sie in der Regel mit einer kleinen Viertelliter-Flasche (250 Milliliter) Frusip's zehn Liter köstlichen Getränks herstellen. Das Verdünnen ist ebenfalls einfacher geworden, weil bereits ein bis 1 ½ Teelöffel Frusip's ausreichen, um ein normales Trinkglas (200 Milliliter) leckeres Fruchtsaftgetränk zu mixen. Man gießt einfach die entsprechende Menge Wasser zu, süßt nach persönlichem Geschmack und gibt eventuell noch Vitamine oder Ballaststoffe hinzu. Kurz umrühren und fertig ist ein Getränk der Spitzenklasse. Um es hier noch einmal zu erwähnen: Wir als Autoren dieses Buches und der Sendungen verdienen keinen Pfennig an diesen Fruchtsirupkonzentraten. Wir

sind auch an keiner Firma beteiligt, die diese Fruchtsirupkonzentrate herstellt oder sie vertreibt.
Das Problem bei den Frusip's besteht darin, daß sie ein erklärungsbedürftiges Produkt sind. Im Gegensatz zu den bisher auf dem Markt befindlichen Siruparten enthalten sie keinen zusätzlichen Zucker, d. h. sie müssen unter Umständen gesüßt werden. Halten Sie sich bitte an unsere Dosierungen (bei höherer Dosierung wird es nicht süßer!) und schauen Sie auf die Angaben auf der Flasche. Neben Konzentraten, die 40fach verdünnt werden müssen, bieten wir bei einigen exotischen Frusip's-Arten eine 20fache Verdünnung an. Hier brauchen Sie etwa zwei bis drei Teelöffel Frusip's auf ein 200-Milliliter-Glas.
Frusip's sollten im Kühlschrank aufbewahrt werden. Sie halten mindestens zwei bis drei Jahre. Es empfiehlt sich aber, sie innerhalb eines Jahres aufzubrauchen, denn zum Teil verändert sich das Aroma doch leicht.

Wie vielfältig die Frusip's anwendbar sind, das werden wir Ihnen im folgenden vorführen: Angefangen bei einfachen Getränken mit oder ohne zusätzliche Vitamine über ballaststoffreiche Getränke und Cocktails, heiße Getränke, zur Aromatisierung von Milch, aber auch köstliche Joghurts bis hin zum Dessert, Speiseeis, Marmeladen und vielem mehr.

Abb. 1: Frusip's bestehen aus hochkonzentriertem Fruchtsaft. Das ist bei den Fruchtsaftgetränken im Handel meist nicht der Fall, denn hier müssen nur sechs Prozent Fruchtsaftanteile enthalten sein – dafür enthalten diese um so mehr Zucker.

Die Zusammensetzung der Frusip's

Die Frusip's bestehen aus hochkonzentriertem Fruchtsaft, der in einem Vakuum bei nur 60 °C eingedampft wird.
Im Laden erhältliche Fruchtsaftgetränke sind alles andere als reiner Fruchtsaft, zum Teil brauchen darin nur sechs Prozent Fruchtsaftanteile enthalten zu sein. Demgegenüber dürfen sie aber bis zu 20 Prozent – d. h. 200 Gramm – Zucker in einem Liter aufweisen – viel mehr als die Frucht selbst oder der daraus gepreßte Saft aufweist. Solche Getränke sind regelrechte Kalorienbomben. Allein der Zucker darin macht ca. 800 kcal pro Literflasche aus. Viele Mediziner sind der Meinung, daß zu hoher Zuckerkonsum eine wesentliche Ursache für Zivilisationskrankheiten (Karies, Übergewicht, Verdauungsbeschwerden) ist. Deshalb zeigen wir Ihnen hier Alternativen mit wenig Zucker auf.
Um ohne Konservierungsstoffe eine Haltbarkeit von mindestens einem Jahr zu erreichen, werden noch einige Prozente Fruchtzucker hinzugegeben. Weiter sind Fruchtsäuren enthalten, die den Geschmack von Früchten entscheidend mitprägen. Normalerweise wird in Fertiggetränken die billigere Citronen-

säure verwendet, viel besser verdaulich ist jedoch die Äpfelsäure. Sie kann im Vergleich zur Citronensäure in doppelter Menge eingesetzt werden und so die Selbstkonservierung unterstützen. Zum Schluß, quasi als Sahnehäubchen, sind noch Aromen im Spiel. Hier werden selbstverständlich nur natürliche Aromen verwendet.

Frusip's, so süß, wie Sie es mögen

Eine der Besonderheiten der Frusip's ist, daß man sie süßen kann, womit man will und wie es dem persönlichen Geschmack entspricht: Mit Süßstoff, Honig, Fruchtsüße HT, Ballastsüße HT oder, wenn auch nicht so gesund, mit Zucker. Man kann den Frusip's hierdurch sozusagen eine persönliche Note verleihen.

Süßstoff

Wer seine Getränke besonders kalorienarm haben möchte, sollte Süßstoff verwenden. Dies ist die kalorienärmste und zahnschonendste Lösung. Alle handelsüblichen Süßstoffe sind geeignet, besonders die der Hobbythek.

Lightsüß HT: Schmeckt wie Zucker

Leider ist die übliche Süßstoffmischung Saccharin/Cyclamat besonders für Kinder nur sehr begrenzt geeignet, weil die von der Weltgesundheitsorganisation (WHO) zugelassene tägliche Menge, der sogenannte ADI-Wert, sehr schnell erreicht wird, nämlich bei acht bis zehn Tabletten. Deshalb haben wir eine eigene Süßstoffkombination entwickelt, die aus 65 Prozent Acesulfam und 35 Prozent Aspartam besteht. Diese Kombination besitzt einen etwa fünf- bis sechsfach höheren ADI-Wert als Saccharin/Cyclamat, d. h. Sie könnten theoretisch eine 450 Gramm Zucker entsprechende Menge zu sich nehmen, aber so „süß" kann wohl niemand sein. Deshalb ist Lightsüß HT auch für Kinder geeignet, allerdings wegen der möglichen Erbkrankheit Phenylketonurie, die sich bei etwa einem von 10 000 Säuglingen zeigt, erst ab dem zweiten Lebensjahr. Nach dem zweiten Lebensjahr wissen die Eltern das aber garantiert, denn diese Kinder dürfen auch keine Kuhmilch trinken und kein Fleisch essen.

Mit dieser Ausnahme ist Lightsüß HT eine gesunde Alternative zum Zucker. Da Aspartam hitzeempfindlich ist, sollten Sie Lightsüß HT nur für kalte oder lauwarme Getränke bis hin zum Kaffee oder Tee verwenden. Lassen Sie sich übrigens nicht von unsachlichen Presseberichten abschrecken, die dem Aspartam gesundheitsschädliche Wirkungen nachsagen. Diese entbehren jeglicher Basis.

Konfilight HT

Konfilight wird in Pulverform angeboten und ist eine Mischung aus Cyclamat und Acesulfam. Es eignet sich besonders zum Kochen und Backen, da Hitze diese beiden Süßstoffe nicht beeinflußt. Ein Gramm Konfilight entspricht grob gerechnet 100 Gramm Zucker, ein gestrichener Meßlöffel (2,5 Milliliter) enthält ca. zwei Gramm Konfilight.

Sie können aus diesem Pulver auch einen Flüssigsüßstoff herstellen: Gießen Sie etwa 100 Milliliter kochendes Wasser auf zehn Gramm Konfilight HT. Sobald sich das Pulver aufgelöst hat, haben Sie einen Flüssigsüßstoff, den Sie in eine Flasche abfüllen und tropfenweise dosieren können. Der ADI-Wert von Konfilight flüssig ist so hoch, daß ein Mensch mit 75 Kilogramm Körpergewicht täglich 20 Milliliter dieses Süßstoffs verzehren könnte. Das entspricht einem Zuckervergleichsgewicht von ca. 200 Gramm. Wenn Sie zehn Gramm Zucker benötigen, können Sie ihn also durch einen Milliliter Konfilight flüssig ersetzen. Ein Meßlöffel (2,5 Milliliter) Konfilight entspricht genau 25 Gramm Zucker.

Fruchtsüße HT

Die helle sirupartige Fruchtsüße HT schmeckt neutral und wird nur aus Früchten gewonnen. Sie enthält natürliche Zuckerarten, davon 50 Prozent Fructose, 6,5 Prozent Glucose und 3,5 Prozent Saccharose. Ein Teelöffel Fruchtsüße HT entspricht der Süßkraft von einem Teelöffel Zucker.
Meist wird die Fruchtsüße jedoch als süßer empfunden, so daß Sie etwas weniger davon einsetzen können.

Apfelsüße HT
Die helle sirupartige Apfelsüße HT wird ausschließlich aus Äpfeln gewonnen und schmeckt neutral. Sie enthält natürliche Zuckerarten, wie sie zum Beispiel auch im Honig vorkommen, aber keine Mineralstoffe. Apfelsüße HT kann zum Kochen und Backen verwendet werden und hat die gleiche Süßkraft wie Zucker.

Ballastsüße HT
Dieses Pulver ist eine ideale Mischung aus Süßkraft und Ballaststoff. Näheres dazu finden Sie auf *Seite 21*.

Honig
Besonders flüssiger Honig eignet sich gut zum Süßen. Er enthält Mineralstoffe und Blütenbestandteile. Sollte der Honig mit der Zeit kristallisieren, was fructosehaltige Süßungsmittel gerne tun, dann können Sie ihn im etwa 50 °C heißen Wasserbad wieder verflüssigen.
In Deutschland werden von Hobby-Imkern hervorragende Qualitäts-Honigsorten hergestellt, in unterschiedlichen Geschmacksnuancen, je nach Blüten, die die Bienen bestäubt haben. Ich möchte aber auch in diesem Zusammenhang auf den TransFair-Honig aus der Dritten Welt aufmerksam machen, der den dort ansässigen Imkerfamilien ein akzeptables Einkommen ermöglicht.

Andere Süßungsmittel:
Weiterhin empfehlen wir die Zuckeraustauschstoffe **Sorbit** und **Xylit**, die auch häufig von Diabetikern verwendet werden. Allerdings können hier stärkere Blähungen entstehen. Deshalb sollte man nicht mehr als 28 Gramm pro Tag davon zu sich nehmen. Außerdem können Sie **Isomalt** verwenden, eine Substanz, die aus umgewandeltem Zucker gewonnen wird und ebenso wie Sorbit und Xylit keine Karies auslöst.

Frusip's – ideal auch für Diabetiker

Diabetiker müssen von jedem Nahrungsmittel zunächst einmal die sogenannten Broteinheiten (BE) berechnen, um festzustellen, ob und wieviel sie davon essen können, damit sie ihre täglich zulässigen Kohlenhydratmengen nicht überschreiten. Gerade für Diabetiker sind Frusip's mit Süßstoff gesüßt ein ideales Getränk, da sie praktisch keinen Zucker enthalten.

Die Berechnung der Broteinheiten bezieht sich auf die Frusip's, die Sie in den Läden, die die Hobbythekprodukte anbieten (siehe *Bezugsquellenverzeichnis*), kaufen können. Es kann sein, daß Sie in einigen Geschäften Frusip's mit einer etwas abweichenden Zusammensetzung bekommen. Deshalb gilt immer die entsprechende Beschriftung auf der Flasche. Die Hersteller sollen zu jeder neuen Charge die Zusammensetzung bekanntgeben, falls sich Änderungen im Rezept oder Schwankungsbreiten bei der Herstellung ergeben.

Wie es Euch gefällt – Frusip's mit und ohne Vitamine

Ein wesentlicher Nachteil der aus Konzentraten hergestellten Getränke – gegenüber frischen, direkt aus Früchten hergestellten Säften – ist der geringere Vitamingehalt. Das gilt nicht nur für gekaufte Säfte, sondern leider auch für Fruchtsaftgetränke mit Frusip's. Deshalb gibt es etliche Produkte im Handel, die nachträglich vitaminisiert werden. Das gleiche können Sie natürlich auch zu Hause tun, zum Beispiel mit Ascorbinsäure (Vitamin C) oder Multivitaminpulver HT.
Wir werden uns außerdem bemühen, einige Frusip's auf den Markt zu bringen, die eine bestimmte Menge Vitamin C enthalten. Aber eine zusätzliche Vitaminzugabe kann auf keinen Fall schaden, eher im Gegenteil. Deshalb finden Sie im folgenden eine Aufstellung der von der Hobbythek empfohlenen Ergänzungsstoffe:

Multivitaminpulver HT
Schon eine Messerpitze beziehungsweise 200 Milligramm Multivitaminpulver in einer Flasche Fruchtsaftgetränk sorgt für die Vitaminmenge, die die Deutsche Gesellschaft für Ernährung (DGE) pro Tag empfiehlt. Im Multivitaminpulver HT ist jedoch kein Beta Carotin enthalten.

Multimineralpulver HT und Multimineralpulver HT Super
Bei Zugabe von Multimineralpulver HT sprudelt das Getränk etwas. Das ist bei

	Dosierung	TL/200 ml Fertiggetränk	BE in 200 ml Fertiggetränk	BE in 5 ml Frusip's	kcal in 200 ml Fertiggetränk	kcal in 5 ml Frusip's
Almkräuter	1:40	1,5	0,31	0,31	16	16
Ananas	1:20	3	0,60	0,30	32	16
Apfel	1:40	1,5	0,26	0,26	14	14
Apfel-Zimt	1:20	3	0,53	0,27	30	15
Apfel-Cranberry	1:20	3	0,58	0,29	28	14
Aronia	1:20	3	0,63	0,32	33	17
Bitter Lemon	1:40	1,5	0,30	0,30	16	16
Blutorange	1:20	3	0,60	0,30	31	16
Cappuccino	1:40	1,5	0,28	0,28	14	14
Cassis	1:40	1	0,34	0,34	13	20
Cola	1:40	1,5	0,30	0,30	16	16
Eistee Pfirsich	1:40	1,5	0,28	0,28	14	14
Erdbeere	1:40	2	0,28	0,28	21	16
Glühpunsch	1:20	3	0,65	0,32	34	17
Guanabana	1:20	2,5	0,61	0,31	27	16
Guarana	1:40	1,5	0,30	0,30	16	16
Heiße Zitrone	1:20	3	0,53	0,27	31	15
Himbeere	1:40	1	0,21	0,21	7	10
Kindercola	1:40	1,5	0,29	0,29	15	15
Kirsche	1:40	1,5	0,19	0,19	14	14
Mandarine	1:40	1,5	0,29	0,29	16	16
Maracuja	1:20	3	1,10	0,55	58	29
Marzipan	1:20	3	0,62	0,31	30	15
Minze	1:40	1,5	0,32	0,32	16	16
Multivitamin	1:20	3	0,60	0,30	30	15
Nougat	1:20	3	0,55	0,27	27	13
Orange	1:40	1,5	0,29	0,29	16	16
Orange-Karotte	1:20	3	0,62	0,31	30	15
Pink Grapefruit	1:40	1,5	0,30	0,30	16	16
Rote Traube	1:20	3	0,63	0,32	32	16
Zitrone/Limette	1:40	1,5	0,28	0,28	30	30

Tabelle 1: Broteinheiten und Kilokalorien in einzelnen Frusip's und in Fertiggetränken mit Frusip's. (1 ½ TL = 5 ml)

Zugabe von Multimineralpulver HT Super nicht der Fall, es ist deshalb eher für Säfte geeignet.
Jeweils 100 Gramm von beiden Pulvern enthalten 17,5 Gramm Kalium, 5,5 Gramm Calcium und 2,2 Gramm Magnesium.
Vier Gramm (ein Teelöffel) des Pulvers decken 20 Prozent des Tagesbedarfs an Kalium und 25 Prozent des Tagesbedarfs an Calcium und Magnesium.

Multimineralpulver Super plus Jod
Dieses Mineralprodukt enthält zusätzlich Kaliumjodat und wirkt damit dem in Deutschland verbreiteten Jodmangel entgegen.

Noch gesünder – Frusip's plus Ballaststoffe

Zum Schluß kommen wir noch zu den wichtigen Substanzen, die zwar in den Früchten enthalten sind, in den Säften aber nicht mehr. Gemeint sind lösliche und unlösliche Ballaststoffe. Wir wissen heute, daß diese eine wichtige Rolle im gesamten Verdauungsprozeß spielen. Die Wissenschaft weist ihnen inzwischen außerdem eine immer größere Bedeutung in der Krebsvorsorge zu. Lösliche Ballaststoffe in Form von Pektin sind in den meisten Früchten in hohem Maße enthalten. Die unlöslichen, d.h. die Faserstoffe aus Cellulose, geben den Früchten häufig den äußeren Halt. Zwar enthalten Früchte wesentlich weniger lösliche Ballaststoffe als Gemü-

se, dafür weisen sie einen relativ hohen Anteil an Cellulose auf.
Zur Anreicherung der Getränke mit Ballaststoffen empfehlen wir folgende Präparate der Hobbythek: Oligofruct HT und Inulin 90 HT, Apfelfaser HT, Multipekt Plus oder Multipekt Plus Lecithin (siehe *Seite 18 bis 21*).

Ballaststoffe wirken vor allen Dingen im Darm. In unserem Hobbythekbuch „Darm & Po" haben wir ausführlich dargestellt, daß der Darm ganz besondere Bedeutung für unser Immunsystem besitzt.
Auf eines wollen wir hier direkt aufmerksam machen: Je mehr Ballaststoffe man aufnimmt, um so mehr Vitamine und Mineralstoffe sollte man dem Körper zuführen, weil ein – allerdings geringer – Anteil davon unverwertet mit den Ballaststoffen wieder aus dem Körper herausgeschleust wird. Aber hier überwiegt der Nutzen der Ballaststoffe bei weitem diesen kleinen Nachteil.
Auch die Industrie bietet inzwischen eine Fülle von Getränken an, die zusätzliche Ballaststoffe enthalten. Aber diese sind in der Regel sündhaft teuer, und der Ballaststoffanteil ist immer noch relativ gering. Bei den Frusip's können Sie selbst bestimmen, wieviel Ballaststoffe Sie zufügen wollen.
Nach Möglichkeit sollten wir täglich etwa 30 bis 40 Gramm Ballaststoffe zu uns nehmen, davon etwa 20 bis 25 Gramm unlösliche und 10 bis 15 Gramm lösliche Ballaststoffe.
Im folgenden möchten wir die Ballaststoffprodukte der Hobbythek kurz beschreiben:

Apfelpekt Plus
Dies ist ein Ballaststoffprodukt mit charakteristischem natürlichen Apfelgeschmack aus reinem Apfelpektin und Apfelfaserballaststoffen. Es eignet sich gut zur Zubereitung von Joghurtspeisen, Fruchtzubereitungen und fruchtigen Getränken. Von Natur aus enthält Apfelpekt Plus auch kleinere Mengen Fruchtzucker und ist deshalb nicht völlig kalorienfrei. 100 Gramm enthalten 190 kcal, das entspricht 3,8 Broteinheiten. Der Gesamtballaststoffgehalt liegt bei 33 Prozent, davon sind etwa 21 Prozent lösliche Ballaststoffe.

Für ein schnell hergestelltes ballaststoffreiches Getränk geben Sie einfach zwei gehäufte Eßlöffel Apfelpekt Plus in ein Glas Saft oder Wasser und Frusip's. Rühren Sie um und trinken Sie das Getränk sofort, denn sonst bildet sich ein Brei. Dieses Getränk enthält ca. vier Gramm Ballaststoffe, davon 2,5 Gramm lösliche.

Multipekt Plus
Es handelt sich hierbei um Apfelpekt Plus mit Zusätzen von Vitaminen und Mineralstoffen. In 100 Gramm sind enthalten: 170 Milligramm Vitamin C, 40 Milligramm Vitamin E, 13 Milligramm Beta-Carotin, außerdem Calciumcarbonat und Magnesiumcarbonat. 100 Gramm Multipekt Plus haben 170 kcal und entsprechen 3,3 Broteinheiten. Der Gesamtballaststoffgehalt liegt bei 35 Prozent, davon sind 21 Prozent lösliche Ballaststoffe.

Multipekt Plus Lecithin
Dieses Produkt ist eine Weiterentwicklung des Multipekt Plus, denn es enthält zusätzlich noch Lecithin. Lecithine sind ganz besondere Fette, die auch als Phospholipide bezeichnet werden. Sie nehmen im menschlichen Körper sehr wichtige Funktionen wahr und begünstigen gleichzeitig die Auflösung des Multipekts. 100 Gramm Multipekt Plus Lecithin haben 200 kcal und entsprechen 3,2 Broteinheiten.
Es ist sehr schmackhaft und läßt sich leichter klumpenfrei in Flüssigkeiten einrühren als die anderen Multipekt-Präparate. Multipekt Plus Lecithin hat einen Gesamtballaststoffgehalt von 34 Prozent, davon 20 Prozent lösliche.

Apfelfaser HT
Apfelfaser HT kann auf längere Sicht das Apfelpekt Plus ersetzen, das in Getränken relativ schleimig wird. Das ist bei der Apfelfaser HT nicht der Fall. Es vermittelt eher den Eindruck von Fruchtfleisch, der Geschmack ist süßlich und leicht nach Apfel. Es besteht aus natürlichen Apfelfasern.
Apfelfaser HT hat einen Ballaststoffgehalt von 60 Prozent, davon 13 Prozent lösliche, überwiegend Pektine.

Weizenfaser HT
Hierbei handelt es sich um ein helles, feines Mehl aus Weizenfasern. Der extrem hohe Ballaststoffgehalt von 98 Prozent setzt sich überwiegend aus unlöslichen Bestandteilen zusammen, nur drei Prozent der Ballaststoffe sind löslich. Es enthält keinen Weizenkleber, also keinen Gluten, dies als Information

für Menschen, die unter Zöliakie leiden. Beim Backen von Brot und Kuchen können Sie bis zu zehn Prozent des normalen Mehlanteils durch Weizenfaser HT ersetzen. Das ergibt auch in hellen Backwaren hohe Ballaststoffgehalte, die man nicht schmeckt.

Hafercrispies Super HT
Dies ist eine hervorragende Variante für Cornflakes, die nur wenig Ballaststoffe enthalten, aber auch für vielerlei andere Bestandteile eines Müslis oder Porridges. Unsere Hafercrispies HT weisen 30 Prozent Ballaststoffe auf, davon 26 Prozent unlösliche und vier Prozent lösliche. 100 Gramm enthalten 286 kcal. Man kann sie einfach so knabbern oder ins Frühstücksmüsli, ins Porridge, in Quarkspeisen, aber auch in Joghurt einrühren.

Konjacmehl
Auf diesen interessanten Ballast- und Quellstoff sind wir in Japan gestoßen. Das Konjacmehl hat nichts mit dem alkoholischen Cognac zu tun. Es stammt aus der Knolle einer Pflanze mit dem botanischen Namen *Amorphophallus konjac.* Seit einiger Zeit können Sie es auf Initiative der Hobbythek in den Läden kaufen, die die von uns empfohlenen Substanzen führen (siehe *Bezugsquellenverzeichnis*).
Konjacmehl enthält vorwiegend Kohlenhydrate, nämlich Glucomannan, die von unserem Körper nicht gespalten, also auch nicht verdaut werden können. Daher rührt auch seine enorme Quellfähigkeit, die mit keiner anderen Substanz vergleichbar ist. Konjacmehl enthält ca. 60 bis 65 Prozent Ballaststoffe. Andere Nahrungsmittel, die Sie zusammen mit Konjacmehl oder auch später zu sich nehmen, werden von diesem Brei lange im Magen festgehalten. Dadurch entsteht ein höheres Sättigungsgefühl.

Konjac-Konzentrat HT
Konjac-Konzentrat ist ein hochreiner Stoff aus Konjacmehl, der ein noch besseres Quellvermögen besitzt, dafür aber auch teurer ist. Doch meist reicht eine Messerspitze. Konjac-Konzentrat enthält 90 bis 95 Prozent Ballaststoffe.

Abb. 2: Apfelfaser HT schmeckt süßlich und leicht nach Apfel. Sie hat einen Ballaststoffgehalt von 60 Prozent. Allein mit einem Glas dieser Aronia-Apfel-Schorle (Rezept Seite 34) können Sie 16 Prozent Ihres Tagesbedarfs auf schmackhafte Weise decken.

Praebiotische Ballaststoffe

Wir möchten Ihnen hier außerdem drei höchst interessante lösliche Ballaststoffe vorstellen: Oligofructose, Gummi arabicum und Inulin.
Inulin ist ein weißes Pulver, das aus der Zichorienwurzel gewonnen wird, aber auch in Zwiebeln und Lauch vorkommt.

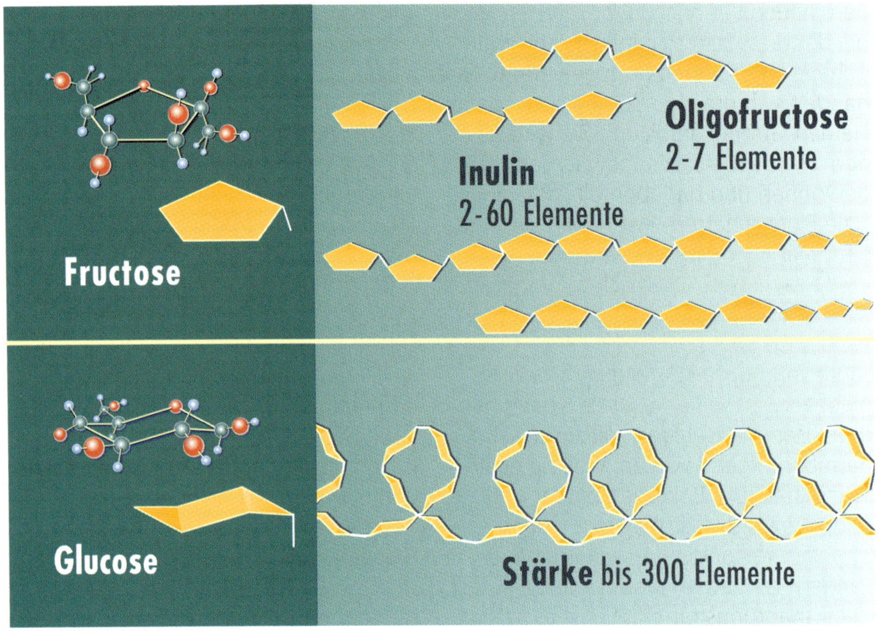

Abb. 3: Inulin und Oligofructose bestehen aus Ketten von Fructose-, also Fruchtzuckerbausteinen, für die wir keine Verdauungsenzyme besitzen. Die Glucose-Kette der Stärke kann abgebaut werden.

Zwar ist die Zichorienwurzel sehr bitter, doch das Inulin schmeckt leicht süß und sehr sahnig. Deshalb läßt es sich hervorragend in Magerjoghurt einsetzen. Es vermittelt, obwohl es keine zusätzlichen Kalorien mitbringt, den Eindruck, als handele es sich um einen Sahnejoghurt.
Inulin ist mit Stärke vergleichbar. Bei der Stärke sind es allerdings Glucose-, also Traubenzuckermoleküle, die wie an einer Kette aneinandergereiht sind. Unsere Verdauungssäfte enthalten Enzyme, die diese Kette in einzelne Bausteine zerlegen können. Die Glucosemoleküle gelangen dann durch die Darmwand in den Kreislauf und sind wichtige Energielieferanten.

Beim Inulin dagegen besteht die Kette aus Fructose-, also Fruchtzuckermolekülen. Dafür existieren in unseren Verdauungssäften aber keine Enzyme, so daß die Ketten unverdaut in den Dickdarm gelangen und dort der Darmflora als Nahrung dienen. In diesem Zusammenhang spricht man übrigens auch in letzter Zeit von sogenannten „praebiotischen Substanzen", das sind Stoffe, die die positive Darmflora unterstützen und die schädlichen Darmbakterien verdrängen. Deshalb hat das Inulin, aber auch die mit ihr verwandte Oligofructose, eine große Karriere gemacht. Beide verbinden die Eigenschaft als Ballaststoff mit einem sehr angenehmen Geschmack.

Inulin 100 HT
Inulin ist normalerweise schlecht in wäßrigen Flüssigkeiten wie Milch oder Obstsäften löslich. Deshalb haben wir uns für zwei Sorten entschieden: Zunächst für das Inulin 100 HT. Um dies in die Milch einzubringen, müssen Sie zunächst etwa ein Viertel der Milch auf etwa 90 °C erhitzen, dann das Inulin einrühren. Wenn es sich aufgelöst hat, geben Sie die restliche Milch hinzu. Inulin 100 HT enthält fast 100 Prozent lösliche Ballaststoffe.

Inulin 90 HT
Dieses Inulin ist besser löslich als Inulin 100 HT, weil die Kettenlänge der Fructosemoleküle kürzer ist. Es schmeckt leicht süßlich und besitzt etwa zehn Prozent der Süßkraft von Zucker. Inulin 90 HT können Sie einfach in kalte Getränke einrühren. Die Anwendungsmöglichkeiten sind vielfältig, es gilt generell als eine Art Fettersatz und schmeckt in Verbindung mit Milchprodukten wie Sahne. Inulin 90 HT schmeckt in fast jedem Getränk, im Joghurt, in Desserts, Brotaufstrichen, in

jeder Soße usw. 100 Gramm Inulin 90 HT enthalten ca. 100 kcal und ca. 90 g lösliche Ballaststoffe.

Oligofruct HT
Oligofructose schmeckt leicht süßlich. Das liegt daran, daß sie aus ganz kurzen Ketten von Fructosebausteinen besteht, an deren Ende sich Glucosebausteine befinden. Sie entwickelt etwa 30 Prozent der Süßkraft von Zucker. Oligofructose ist ebenso wie das Inulin ein idealer Zusatzstoff für Joghurt und Käseprodukte. Aber geben Sie bitte nicht zuviel Oligofructose oder Inulin hinzu! Achten Sie darauf, daß Sie pro Tag nicht mehr als zwölf Gramm Oligofructose oder Inulin oder einer Mischung aus beiden aufnehmen, denn mehr kann zu starken Blähungen führen.
Auf diese Eigenschaft aller Ballaststoffe möchten wir in diesem Zusammenhang noch hinweisen: Durch die unverdaut in den Dickdarm gelangenden Ballaststoffe vermehren sich besonders Bifido- und Milchsäurebakterien. Das kann zur verstärkten Produktion von Kohlendioxid und Wasserstoff führen, was sich in „linden Lüften" auswirken kann. Das heißt, wissenschaftlich ausgedrückt, die Flatulenz steigt. Auch bei anderen Ballaststoffen müssen Sie mit leichten Blähungen rechnen.
100 Gramm Oligofruct HT haben ca. 100 kcal und 85 bis 92 Prozent lösliche Ballaststoffe.

Gummar HT, der lösliche Ballaststoff aus dem Morgenland
Da die meisten Ballaststoffe in der Anfangsphase häufig Blähungen erzeugen, haben wir nach einer Alternative, bei der dies nicht der Fall ist, Ausschau gehalten und sind fündig geworden: Es handelt sich um eine Substanz mit dem Namen Gummi arabicum. Sie wird aus dem Harz von Akaziengewächsen gewonnen und hat ebenfalls praebiotische Eigenschaften. Wir haben sie Gummar HT genannt. Sie besteht aus Kohlenhydraten – nämlich aus einer Kombination von Galactose, die mit Arabinose, Rhamnose und Glucuronsäure verknüpft ist –, die der Körper nicht verwerten kann. Diese Kohlenhydratzusammensetzung soll zusätzlich darmberuhigend wirken, weil sie einerseits schädliche Bakterien bindet und andererseits den Stuhlgang erleichtert. In vielen afrikanischen und arabischen Ländern ist Gummi arabicum eine Art „Volksnahrungsmittel". So ist es in Mauretanien selbstverständlich, daß es den Mahlzeiten in größeren Mengen zugesetzt wird, vor allem um den Darm auf Trab zu halten. Das gilt für viele Länder rund um die Sahara, insbesondere innerhalb der Sahel-Zone. Hier wird es nicht nur gegen Verstopfung angewandt, sondern man behandelt damit auch infektiöse Darmerkrankungen, die mit Durchfall verbunden sind. Gummar HT ist ein geschmackloses, kalt lösliches Pulver, das in Wasser oder Fruchtsaftgetränken eingerührt werden kann. Sie können es auch in Ihr selbstgebackenes Brot, ins Müsli, in Suppen, Gemüse und Desserts geben. Es ist kein Problem, bis zu 15 Gramm pro Tag und mehr aufzunehmen. Gummar HT enthält ca. 80 Prozent lösliche Ballaststoffe.

Ballastsüße HT
Dieses Pulver enthält überwiegend Oligofructose, ca. 25 Prozent Gummar HT und außerdem den Süßstoff Acesulfam. Somit ist es eine ideale Kombination aus Ballaststoffen und Süßkraft. Ein Teelöffel (ca. vier Gramm) Ballastsüße gibt 200 Millilitern Getränk eine angenehm leichte Süße. Diese Menge enthält dann 0,8 Gramm lösliche Ballaststoffe aus Gummar HT, 2,7 Gramm lösliche Ballaststoffe aus Oligofructose und etwa vier Kilokalorien. Es entspricht einer Süßkraft von ca. sechs Gramm Zucker (24 kcal, kein Ballaststoff). Wenn Ihnen das nicht süß genug ist, können Sie zusätzlich eine Tablette Lightsüß HT hinzugeben.

Weitere Hobbythekprodukte

Als weitere Zutaten zur Realisierung der hier aufgeführten Rezepte empfehlen wir folgende Produkte:

Bindix HT
Bindix HT besteht überwiegend aus Johannisbrotkernmehl, einem natürlichen Ballaststoff. Wir setzen es überwiegend zum Andicken von Saucen ein.

Alginat
Dieses Produkt wird aus Braunalgen gewonnen und ist ein Gelbildner, der sich zwar auch kalt, am besten aber bei

Erwärmung löst. Alginat empfehlen wir zur Eisherstellung, weil es dafür sorgt, daß sich beim Einfrieren der Eiscreme keine unerwünscht großen Eiskristalle bilden.

Xanthan

Xanthan ist ein Pulver, das mit Wasser ein Gel bildet und wie ein Ballaststoff wirkt. Es ist ein stärkeähnlicher natürlicher Stoff und gehört in die Gruppe der Kohlenhydrate. Es taucht in diesem Buch nur bei der Eisherstellung auf.

Die Frusip's im einzelnen

Frusip's gibt es in zwei verschiedenen Konzentrationen. Neben Konzentraten, die im Verhältnis 1:40 verdünnt werden müssen (ein Teelöffel Frusip's auf 200 ml Wasser), bieten wir einige exotische Frusip's-Arten an, die nur im Verhältnis 1:20 verdünnt werden. Bei denen brauchen Sie etwa zwei bis drei Teelöffel Frusip's auf 200 ml Wasser.

Abb. 4: Besonders vielseitig lassen sich die Frusip's aus Citrusfrüchten einsetzen. Sie geben nicht nur Getränken eine frische Note, sondern auch vielen herzhaften und pikanten Gerichten.

Frusip's aus Citrusfrüchten

Diese Frusip's lassen sich besonders vielseitig einsetzen, nicht nur in Getränken, sondern auch in vielen herzhaften und pikanten Gerichten.

Frusip's Mandarine 1:40
Eine besonders beliebte Geschmacksrichtung, die zu fast allem paßt, ist Frusip's Mandarine. Anwendungsbeispiele sind: Getränke, alle Milchprodukte, Eiscreme, Sorbet, Süßigkeiten, Desserts und Konfitüren. Dieser Frusip's verleiht außerdem vielen Speisen und Getränken eine schöne gelbe Farbe.

Frusip's Grapefruit 1:40
Der natürliche, etwas herbe Grapefruitgeschmack paßt zu Getränken, Sorbets, Bonbons und Likören.

Frusip's Pink Grapefruit 1:40
Der leicht herbe Geschmack und die zarte rote Farbe verlocken dazu, ihn nicht nur in Cocktails und anderen Getränken einzusetzen, sondern auch in Sorbets, Süßigkeiten oder Desserts.

Frusip's Zitrone/Limette 1:40
Sie können mit diesem Sirup Getränke herstellen, ihn aber auch überall da anwenden, wo Sie normalerweise etwas Zitronensaft oder abgeriebene Zitronenschale zugeben würden. Hervorragend paßt er zu Joghurt, Quark, Eiscreme, Süßigkeiten und Fruchtmousse. Sie können mit einem Schuß Frusip's Zitrone/Limette auch Ihren schwarzen Tee aromatisieren, dazu eignen sich aber auch viele andere Frusip's.

Frusip's Bitter Lemon 1:40
Der chininhaltige Sirup enthält den typischen Bittergeschmack, den man an diesem Getränk schätzt. Frusip's Bitter Lemon gehört mittlerweile zu den beliebtesten Sorten der Frusip's. 1 ½ Teelöffel auf ein Glas (200 Milliliter) kohlensäurehaltiges Wasser geben, mit ein bis zwei Tabletten Lightsüß HT süßen. Manche Frusip's-Fans aromatisieren sogar ihren Joghurt mit Frusip's Bitter Lemon.

Frusip's Orange 1:40
Daraus können Sie einfach nur mit Mineral- oder Leitungswasser ein Erfrischungsgetränk herstellen, bei dem man sogar völlig auf Süßungsmittel verzichten kann. Die Palette der Einsatzmöglichkeiten in der Küche ist fast unbegrenzt. Sehr vielen Gerichten können Sie mit einem Schuß Frusip's Orange eine fruchtige Note verleihen. Einzusetzen auch in Tomatensuppe, Linseneintopf oder allen Salatsaucen.

Frusip's Blutorange 1:20
Blutorange hat eine sehr intensiv rote Farbe, die im Eis, im Wackelpudding, in Süßigkeiten und im Likör sehr dekorativ wirkt. Blutorange paßt außerdem gut in Cocktails, Milchgetränke usw. Der Geschmack ist etwas herber als bei der normalen Orange.

Frusip's Orange-Karotte 1:20
Dieser Frusip's schmeckt nicht nur ungesüßt sehr gut, sondern er verleiht Speisen und Getränken eine schöne orange Färbung. Wir verwenden ihn in Getränken, Joghurt, Eiscreme usw.

Abb. 5: Bei unseren über 40 Frusip's-Sorten findet sich für jeden Geschmack die richtige. Wie wäre es mit Frusip's Cola und Kindercola für Vater und Tochter?

Frusip's aus Beeren und anderen roten Früchten

Frusip's Erdbeere 1:40
Dieses Konzentrat hat einen weichen Geschmack, der in Eis und Desserts gut zur Geltung kommt und auch den Geschmack frischer Erdbeeren abrunden kann.

Frusip's Himbeere 1:40
Dieser intensive, etwas säuerliche Geschmack paßt besonders gut zu

Desserts und Süßigkeiten. Außerdem können Sie sich mit diesem Sirup leicht einen köstlichen Himbeeressig herstellen (siehe *Seite 87*).

Frusip's Cassis (Schwarze Johannisbeere) 1:40
Eine Sorte mit sehr intensivem Geschmack und tiefroter Farbe. Sie sollten diesen Frusip's sparsam dosieren. Er paßt überall da, wo ein starker Beerengeschmack erwünscht ist, also in Getränken, Milchprodukten, im Müsli, in Kaltschalen, Roter Grütze, im Wackelpudding, Eis und in Süßigkeiten.

Aronia – eine Heilpflanze zum Genießen

In letzter Zeit ist das Interesse an Wildfruchtarten in Deutschland deutlich gestiegen. Beweise dafür sind die vielen wissenschaftlichen Untersuchungen von bekannten und altbewährten Heilpflanzen, wie zum Beispiel Holunder, Eberesche, Weißdorn und Sanddorn.
Neu im Kommen ist auch die Apfelbeere, die den botanischen Namen *Aronia melanocarpa* trägt. Sie wird auch Schwarze Eberesche genannt und gehört zur Familie der Rosengewächse. Ursprünglich stammt sie aus Nordamerika, mittlerweile wird sie aber auch in Deutschland, vor allem in Sachsen, mit zunehmendem Erfolg angebaut.
Der Geschmack reifer Aroniabeeren ist säuerlich herb und ähnelt dem unreifer Heidelbeeren. Der frisch gepreßte Saft ist tief dunkelrot und riecht deutlich

Abb. 6: Aronia melanocarpa, die Apfelbeere, wird zur Behandlung von Bluthochdruck, Arteriosklerose und Magenschleimhautentzündungen eingesetzt.

nach Bittermandel. Die Frucht selbst ist für den direkten Verzehr nicht geeignet. Sie wurde aber schon in der ehemaligen DDR zum Herstellen von püreeartigen Erzeugnissen für die Milchindustrie eingesetzt. Weiterhin wurde der Saft als Grundstoff für die Herstellung von alkoholischen Getränken wie Likören oder Schaumwein genutzt. Nach dem Zusammenbruch der DDR geriet die Aronia in Deutschland in Vergessenheit. In der ehemaligen UdSSR wurde aktive Forschung und umfangreiche Anwendung der Pflanze in der Medizin betrieben.
Bereits seit den 60er Jahren wird die Aronia zur Behandlung von Bluthochdruck, Arteriosklerose und Magenschleimhautentzündungen eingesetzt. Bei diesen Forschungen wurde festge-

stellt, daß sie generell Magen- und Darmerkrankungen vorbeugt und außerdem bei Drüsenkrankheiten positiv wirkt. Interessant ist aber auch, daß sie das Immunsystem stärkt. Sie wirkt außerdem galletreibend und wurde in den östlichen Ländern häufig zur Behandlung von Leber- und Gallenblasenerkrankungen verwendet. Sie soll außerdem das Ausscheiden von Schwermetallen aus dem Körper begünstigen, was in der UdSSR dazu führte, daß Patienten mit Strahlenschäden damit behandelt wurden.

Aber uns interessieren auch die in der Aronia enthaltenen Vitamine, zum Beispiel die Folsäure, unter deren Mangel so mancher leidet, ohne es zu wissen. Folsäuremangel beeinträchtigt hauptsächlich die Bildung von Blutzellen und wirkt sich negativ auf die Schleimhaut des Darms und des sogenannten Urogenitaltraktes, also Blase und Harnleiter, aus. Ein Mangel an Folsäure kann auch die Ursache von Anämie, also Blutarmut sein, die meist mit einem Mangel an Eisen und Vitamin B_2 in Verbindung gebracht wird. Bereits 100 Gramm der Apfelbeere decken den mittleren Bedarf an Folsäure.
In letzter Zeit ist diese Beere wieder entdeckt worden, weil ihr neben Vitaminen auch für die Gesundheit interessante Gerb- und Farbstoffe zu eigen sind. Erwähnenswert ist außerdem der hohe Flavonoidgehalt. Dies sind die Stoffe, die auch im Rotwein enthalten sind und die sich in einigen wissenschaftlichen Untersuchungen als vorbeugend gegen Krankheiten des Verdauungs- und Herz-Kreislauf-Systems erwiesen haben.

Frusip's Aronia 1:40
Dieser Frusip's hat einen sehr angenehmen, weichen Geschmack, der keineswegs herb ist. Er paßt zu Getränken mit Wasser oder Milch, zum Joghurt, zur Kaltschale, zu vielen Desserts und zum Eis.

Frusip's Kirsche 1:40
Ein dunkelroter Sirup mit starkem Kirschgeschmack. Gibt man einen Schuß davon in roten Früchtetee, so erhält dieser einen punschartigen Geschmack. Paßt gut zu Joghurt, Desserts und Süßigkeiten.

Abb. 7: Die Beeren der Aronia haben einen hohen Flavonoidgehalt und enthalten außerdem wichtige Vitamine.

Frusip's Grenadine 1:40
Der rote Granatapfel gibt diesem Frusip's sein Aroma. Der Geschmack ist süß und ein wenig säuerlich. Grenadine empfehlen wir als schmackhafte Komponente bei Fruchtcocktails.

Frusip's Rote Traube 1:20
Eine besonders süße Variante, die besonders gut in Getränken, im Müsli und in Milchprodukten schmeckt.

Frusip's aus heimischen hellen Früchten

Frusip's Apfel 1:40
Der dezente Apfelgeschmack paßt gut zu Milchprodukten, aber auch zu Getränken mit Mineralwasser.

Frusip's Apfel-Cranberry 1:20
Die hier verwendete Cranberry stammt aus den USA und entspricht etwa unseren Preiselbeeren. Sie verleiht dem Apfel ein intensives Aroma. Die Mischung Cranberry-Apfel hat eine ganz leicht rötliche Farbe und kann überall da eingesetzt werden, wo der Apfelgeschmack harmoniert. Wir haben ihn in Getränken, in Joghurt und im Müsli verwendet.

Frusip's Aprikose 1:20
Frische Aprikosen, die man bei uns kauft, haben meist wenig Aroma. Deshalb bietet es sich an, mit Frusip's Aprikose mehr natürliche Aromastoffe in entsprechende Desserts und Konfitüren zu bringen.

Frusip's Pfirsich 1:20
Ein von Natur aus dezenter Geschmack, für alle, die solche zarten Geschmacksrichtungen bevorzugen. Frusip's Pfirsich schmeckt in Getränken, in Fruchtsaucen, Joghurts und vielem mehr.

Frusip's aus tropischen Früchten

Frusip's Guarana 1:40
Er eignet sich überwiegend zur Herstellung von Getränken mit kohlensäurehaltigem Wasser. Auch Desserts können Sie nach Geschmack damit anreichern.

Frusip's Ananas 1:20
Dieser Frusip's schmeckt ein wenig säuerlich und eignet sich zur Mischung mit Wasser und vielen Milchprodukten, zu Eis, Desserts, Salatsaucen, Fruchtsaftlikör, Chutneys und vielem mehr.

Frusip's Guanabana 1:20
Eine besonders intensive Geschmacksnote, die zu fast allem paßt, das exotisch schmecken soll. Er läßt sich besonders gut mit frischen Mangofrüchten kombinieren. Geben Sie Frusip's Guanabana in Getränke, Bonbons, Eis, Müsli, Salatsaucen, Currygerichte usw.

Frusip's Maracuja 1:20
Der natürliche Maracujageschmack, der ein wenig säuerlich ist, paßt sehr gut zu Getränken mit Wasser oder Buttermilch, zu Joghurt, Müsli, Desserts, zu Saucen aller Art, zu Geflügel und Fisch, zu Chutneys, zu Konfitüren, Likör und gehört natürlich in den Maracujaessig.

Frusip's aus Kräutern und Gewürzen

Frusip's Almkräuter 1:40
Es gibt einige Limonaden im Handel, die ebenfalls auf einer Kräutermischung basieren. Ihr Nachteil ist, daß sie sehr viel Zucker enthalten. Auch ein selbst hergestelltes Getränk mit diesem Frusip's sollten Sie relativ stark süßen, allerdings am besten mit Süßstoff.

Frusip's Ginger Ale 1:40
Die geschmacksgebende Komponente stammt hier aus der Ingwerwurzel. Ginger Ale ist eine Erfindung der Engländer, ein anregendes, erfrischendes Getränk mit einer sehr dezenten Bitternote.

Frusip's Grüntee-Zitrone 1:40
Getränke mit Frusip's Zitrone haben einen anregenden, leichten Geschmack. Dieser Sirup schmeckt am besten in Wasser oder Mineralwasser.

Frusip's Cola 1:40
Dieser Sirup enthält Koffein und Orthophosphorsäure, beides Komponenten, die zum originalen Colageschmack gehören. Colagetränke müssen stärker gesüßt werden, dazu empfehlen wir Lightsüß HT Tabletten.

Frusip's Kindercola 1:40
Der Geschmack ist dem der „richtigen" Cola ganz ähnlich, allerdings enthält Kindercola weder Koffein noch Orthophosphorsäure. Kindercola empfehlen

wir nicht nur als Getränk, sondern auch als geschmacksgebende Komponente bei Wassereis am Stiel, Weingummi, Bonbons oder Lutschern, Wackelpudding oder sogar im Joghurt. Wenn Sie mit Kindercola aromatisieren, sollten Sie, wie bei der normalen Cola, nicht mit Süßungsmittel sparen.

Frusip's Minze 1:40
Die darin enthaltene Minze hat durch ihren natürlichen Mentholgehalt einen kühlenden Effekt. Deshalb gibt es in vielen Mittelmeerländern, speziell in Frankreich, traditionell Minze-Sirup im Handel, allerdings häufig mit grellen künstlichen Farbstoffen. Frusip's Minze enthält so etwas selbstverständlich nicht, er ist hell und hat nur natürliche Geschmacksbestandteile. Aus diesem Frusip's lassen sich vor allem an heißen Tagen besonders erfrischende Getränke herstellen.

Frusip's Eistee Pfirsich 1:40
Dieses Konzentrat wird nur mit kaltem Wasser vermischt und gesüßt und bietet Kindern und Erwachsenen eine echte Alternative zu Kräuter-und Früchtetees. Auch an heißen Tagen mit Eiswürfeln gemischt, schmeckt Eistee Pfirsich sehr angenehm.

Frusip's Tonic 1:40
Hierbei handelt es sich um einen chininhaltigen Sirup. In Mineralwasser gelöst entsteht ein erfrischendes Getränk mit leichtem Bittergeschmack.

Frusip's für Milchgetränke

Frusip's Cappuccino 1:40
Eine vorzügliche Geschmacksrichtung, die mit Milch und Sahne kombiniert sehr empfehlenswert ist.

Frusip's Marzipan 1:20
Frusip's Marzipan schmeckt hervorragend in süßer Milch, Joghurt und Quarkcreme und ist auch zur Herstellung von Torten, Kuchen oder Süßigkeiten geeignet.

Frusip's Vanille 1:20
Ein Frusip's, den jeder braucht, weil er in vielen Milchgetränken und Desserts unerläßlich ist.

Frusip's Nougat 1:20
Dieser Frusip's eignet sich für Milchgetränke, Nachspeisen und Liköre.

Frusip's Schokolade 1:20
Bereiten Sie heiße und kalte Milchgetränke, Joghurt, Eiscreme, Kuchen und Torten, Süßigkeiten und Desserts damit zu.

Abb. 8: Diese Frusip's schmecken in Milchgetränken besonders gut. Praktisch zur Dosierung: der aufschraubbare Spender.

Frusip's für Heißgetränke

Frusip's Glühpunsch 1:40
Einfach mit heißem Wasser vermischen und mit Süßstoff süßen. Ein wärmendes Getränk für den Winter, ganz ohne Alkohol.

Frusip's Apfel-Zimt 1:40
Hiert gilt das gleiche wie für den Glühpunsch, allerdings schmeckt dieser Frusip's auch gekühlt zur Sommerzeit hervorragend.

Heiße Zitrone 1:40
Ein angenehmes Getränk zum Aufwärmen.

Besondere Frusip's

Frusip's Mineral 1:20
Mit diesem Konzentrat können Sie Ihr selbsthergestelltes kohlensäurehaltiges Wasser zusätzlich mit wichtigen Mineralstoffen wie Calcium und Magnesium anreichern. So können Sie aus „gesprudeltem" Wasser ein vollwertiges Mineralwasser herstellen.

Frusip's Multivitamin 1:20
Dieser Frusip's besteht aus sechs verschiedenen Fruchtsaftkonzentraten. Er enthält Beta-Carotin, die Vorstufe von Vitamin A, Vitamin B_6, Panthothensäure, Folsäure, Niacin sowie die Vitamine C und E. 200 Milliliter fertiges Getränk decken etwa die Hälfte des Tagesbedarfs der genannten Vitamine.

Frusip's Pflaumenballast 1:20
Der natürliche Gehalt an Sorbit (siehe *Seite 16*) hat die Pflaume für ihre verdauungsfördernde Wirkung bekannt werden lassen. Außerdem enthält dieser Frusip's noch zusätzliche Ballaststoffe.

Wasser – das zweite Element

Alle Lebensvorgänge sind aufs engste mit Wasser verknüpft. Wir Menschen bestehen immerhin zu ca. 65 Prozent aus diesem Lebenselixier, beim Säugling beträgt der Wassergehalt des Körpers sogar bis zu 74 Prozent. Interessanterweise schwankt der Wassergehalt in unserem Körper nur sehr geringfügig. Verliert der Körper nur 0,5 Prozent seiner Flüssigkeit, dann entwickelt sich bereits ein unbändiger Durst. Ein Mensch kann zur Not eine ganze Weile ohne Nahrung überleben, ohne Wasser stirbt er bereits nach wenigen Tagen. Der Körper scheidet ständig Wasser aus, einmal durch die Schweißdrüsen der Haut, denn damit reguliert er auch seine Körpertemperatur, aber hauptsächlich über die Nieren. Mit diesem Wasser werden auch überflüssige und giftige Stoffe, wie zum Beispiel Kochsalz, Harnstoff oder Nitrate, aus dem Körper ausgeschieden. Wasser ist gleichzeitig ein wichtiger Träger von Mineralsalzen, die wir täglich aufnehmen müssen, insbesondere von Calcium und Magnesium. Deshalb ist hartes Wasser besonders gesund. Man sollte das Trinkwasser aus dem Wasserhahn daher nicht enthärten, weil man ihm damit die Mineralsalze entzieht.

Calcium und Magnesium sind für vielerlei Stoffwechselvorgänge, insbesondere für die Knochenbildung, lebensnotwendig. Es ist nichts dagegen zu sagen, wenn Sie zum Beispiel Ihren Tee in einzelnen Fällen mit entkalktem Wasser zubereiten, aber Sie sollten eines wissen: Das, was sich im Tee, der mit hartem Wasser zubereitet ist, an der Oberfläche absetzt, ist kein Schmutz, sondern es sind die ätherischen Öle und Schwebstoffe aus dem Tee. Sie schwimmen auf dem harten Wasser obenauf, weil es eine hohe Oberflächenspannung aufweist. In Tee, der mit enthärtetem Wasser zubereitet wurde, verteilen sich die Schwebestoffe etwas gleichmäßiger in der Flüssigkeit. Bereiten Sie auf keinen Fall Kaffee mit enthärtetem Wasser zu, denn Kaffee gewinnt durch die Härtebestandteile des Wassers an Aroma.

Unser Trinkwasser ist in der Regel viel besser als sein Ruf. Es ist das am strengsten kontrollierte Nahrungsmittel überhaupt. Die zulässigen Grenzwerte für gesundheitsschädliche Bestandteile liegen beim Trinkwasser sogar niedriger als bei Mineral- und Tafelwasser. So darf Trinkwasser maximal 0,04 Milligramm Blei pro Liter enthalten, während bei Mineralwasser 0,05 Milligramm pro Liter zugelassen sind. Noch krasser ist der Unterschied bei dem Giftstoff Arsen. Hier liegt der

Abb. 9: Trinkwasser ist das am strengsten kontrollierte Nahrungsmittel. Seine Grenzwerte für Schadstoffe liegen unterhalb der erlaubten Höchstmengen bei Tafel- und Mineralwasser.

Grenzwert im Trinkwasser bei 0,01 Milligramm pro Liter, im Mineralwasser fünfmal höher, d. h. bei 0,05 Milligramm, bei Tafelwasser bei 0,04 Milligramm.

Würden Sie Trinkwasser direkt an der Übergabestelle des Wasserwerks in Ihr Haus abzapfen, könnten Sie es ohne weiteres als Tafelwasser verkaufen. Mehrere Wasserwerke gehen übrigens diesen Weg und verkaufen ihr Wasser so, wie es ins Hauptleitungsnetz abgegeben wird, als Tafel- beziehungsweise Mineralwasser. Auch die großen Getränkeabfüller, zum Beispiel der Coca Cola- oder Pepsi Cola-Konzern ebenso wie viele andere Limonaden- und Fruchtsafthersteller oder Bierbrauereien, zapfen das Wasser häufig aus dem öffentlichen Leitungsnetz.
Auf ein Problem beim Trinkwasser sei allerdings hingewiesen: das Nitrat. Die Wasserwerke haben, jedenfalls in ländlichen Gebieten, häufig Probleme mit starker Nitratbelastung. Es ist aber in jedem Fall sichergestellt, daß nicht mehr als die zulässigen 50 Milligramm Nitrat pro Liter enthalten sein dürfen. In der Regel liegen die tatsächlichen Werte sogar erheblich unter den zulässigen. Jugendliche und Erwachsene haben damit garantiert keine Probleme. Die Weltgesundheitsorganisation (WHO) ist sogar der Meinung, daß die tägliche maximale Aufnahmeempfehlung für einen 70 Kilogramm schweren Erwachsenen ohne weiteres bei 250 Milligramm Nitrat pro Tag liegen könnte. Das würde bedeuten, daß ein Mensch über fünf Liter Trinkwasser trinken könnte. Die Gefahr, so die WHO, beginne bei Nitratmengen, die über 300 bis 400 Milligramm pro Tag liegen.

Mit Beginn des Jahres 1997 wurden auch die etwas großzügigeren Vorschriften in den östlichen Ländern der Bundesrepublik auf das strengere Niveau im Westen angepaßt. Diese Vorschriften sind übrigens für die Wasserwerke so bindend, daß die Verantwortlichen bei Zuwiderhandlung mit einem Bein im Gefängnis stehen.
Ein weiteres Problem mit dem Trinkwasser kann durch die Wasserleitungen in Ihrem Haus entstehen. Keine gesundheitlichen Risiken bringen verkalkte Wasserrohre, sie behindern nur den Durchfluß. Auch wenn nach dem Urlaub manchmal eine braune Brühe aus dem Wasserhahn läuft, lassen Sie es etwas ablaufen und Ihr Trinkwasser

ist wieder okay. Das, was das Wasser angefärbt hat, war völlig ungiftiges Eisenoxid, d. h. schlichtweg Rost.

Schlimmer ist – wie so oft – das, was man nicht sieht. In älteren Häusern befinden sich teilweise noch Bleirohre. Diese hatten ursprünglich den Vorteil, daß sich in ihnen kein Kalk absetzte und daß sie sich leicht biegen ließen. Diese Rohre sollten Sie möglichst sofort austauschen, wenn Sie als Mieter oder Hausbesitzer den Verdacht haben, daß sich noch Bleirohre im Haus befinden. Ihr Vermieter ist dazu verpflichtet, sie auszutauschen. Bleirohre erkennt man daran, daß sie sehr weich sind und sich mit einem einfachen Küchenmesser leicht anschaben lassen. Außerdem klingen sie dumpf, wenn man daraufklopft. Sollten Sie dennoch unsicher sein, wenden Sie sich an Ihr Wasserwerk oder das Gesundheitsamt. Unter Umständen können Sie dort einen unentgeltlichen Test auf den Bleigehalt Ihres Trinkwassers machen lassen.
Ein anderes Problem stellen Kupferrohre dar, aber nur dann, wenn das Wasser vom Wasserwerk zu sauer ist. Um den Säuregrad zu messen, gibt es den sogenannten pH-Wert-Test. Je saurer das Wasser, um so niedriger liegt dieser Wert. Bei pH 7 liegt der gewünschte Neutralwert, sinkt er auf den pH-Wert 6 ab, dann kann es problematisch werden. Oberhalb von pH 6,5 sind auch Kupferrohre kein Problem, denn nur im sauren Bereich werden Kupferionen ins Wasser freigesetzt. Den pH-Wert Ihres Trinkwassers können Sie beim Wasserwerk erfahren oder mit einfachen Teststäbchen selbst ermitteln. Es ist durchaus empfehlenswert, für Erfrischungsgetränke einfach Wasser aus dem Wasserhahn zu verwenden. Den Einkauf und das Schleppen teurer Mineralwässer aus dem Getränkemarkt können Sie sich also getrost sparen. Wenn die Wasserleitungen in Ihrem Haus in Ordnung sind, können Sie das Wasser aus dem Wasserhahn unmittelbar als Tafelwasser bezeichnen. Da es unter Druck steht, besteht auch kaum eine Gefahr der Verkeimung, denn die Bakterien werden durch den Druck in ihrer Vermehrung beeinträchtigt. Dieses ist leider bei gekauften Stillen Wässern nicht der Fall. Wir raten daher, wenn nicht außergewöhnliche Umstände vorliegen, vom Kauf ab, insbesondere dann, wenn diese Wässer auch noch durch ganz Europa transportiert wurden wie italienische, französische oder gar spanische Stille Wässer. Häufig weisen diese auch noch eine umweltbedenkliche Verpackung auf.

Wenn das Wasser aus Ihrem Hahn Ihnen nicht kalt genug ist, empfehlen wir, einen kleinen Vorrat in den Kühlschrank zu stellen oder aber Eiswürfel im Gefrierfach zu bereiten. Mit diesem „Tafelwasser" können Sie sämtliche Frusip's, aber auch alle anderen Rezepte realisieren, bei denen keine Kohlensäure erwünscht ist.

Mineralwasserautomaten

Daß man Getränke auch selbst zum Sprudeln bringen kann, ist schon lange kein Geheimnis mehr: Bereits in den 50er Jahren waren Siphons Bestandteil einer jeden Hausbar. Diese einfachen „Sprudler" haben aber eine Menge Nachteile: So ist der Sprudeleffekt nicht sehr anhaltend und die kleinen Wegwerf-Patronen sind sehr schnell verbraucht.

Diese Probleme haben uns von der Hobbythek nicht ruhen lassen, und so waren wir es, die zum ersten Mal in Deutschland erheblich funktionstüchtigere Mineralwasserautomaten empfahlen. Diese enthalten sehr viel größere Mehrweg-Patronen, mit denen man bis zu 40 Liter Wasser zum Sprudeln bringen kann und die neu befüllt werden können. Diese Geräte wurden mittlerweile zum absoluten Publikumsrenner! Heute werden sie bereits für 140 bis 160 DM inclusive einer Patrone angeboten. Entscheidend für den Kauf eines solchen Gerätes ist natürlich, ob Sie die Nachfüllpatronen ohne Schwierigkeiten bekommen, was leider am Anfang ein Problem war. Oft wurden die Automaten verkauft, ohne für die Wiederbefüllung zu sorgen. Also achten Sie darauf, daß Sie die Patrone, die für mindestens 30 bis 40 Liter Mineralwasser reichen sollte, mühelos umtauschen können.
Ein Vorteil dieser Mineralwasserautomaten besteht auch darin, daß sie bei guten Automaten selbst die Stärke der Kohlensäure bestimmen können,

indem Sie ein-, zwei- oder dreimal auf die Kohlesäurezuführung drücken.
Die im Handel erhältlichen Geräte arbeiten alle nach einem ähnlichen Prinzip: In eine mit Leitungswasser gefüllte Flasche oder ein im Gerät befindlicher Druckbehälter wird aus einer Patrone über eine Düse Kohlensäure eingeleitet. Durch den Überdruck, der aus der Kohlensäurepatrone entweicht, vermischen sich Wasser und Kohlensäure und gehen eine dauerhafte Verbindung ein. Sie erhalten so ein erfrischendes, sprudelndes Getränk, das Sie mit Frusip's jeder Art ganz nach Geschmack „veredeln" können. Wichtig ist jedoch, daß Sie Frusip's erst nach dem abgeschlossenen „Sprudelvorgang" zugeben, da ansonsten die feine Düse verstopfen kann. Die fertigen Getränke können Sie in den zu den Geräten erhältlichen Flaschen wie ein Fertiggetränk, am besten im Kühlschrank, aufbewahren.

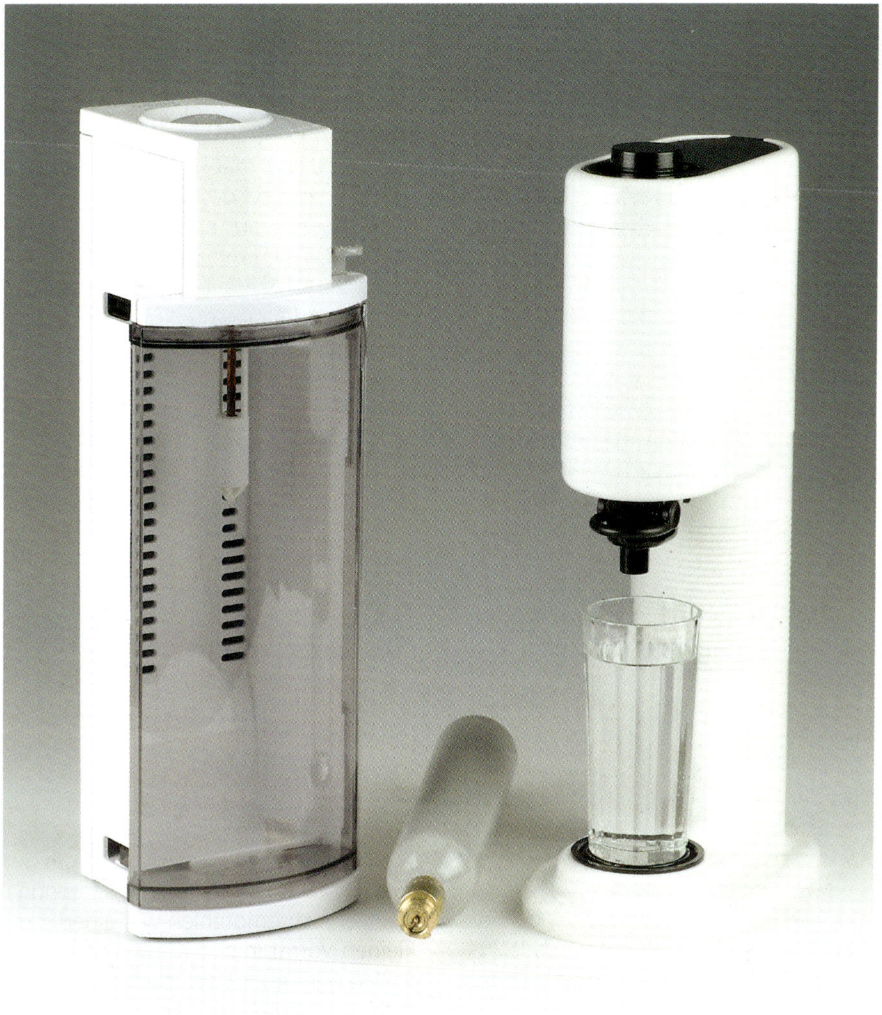

Abb. 10: Blitzschnell können Sie mit diesen Automaten Leitungswasser in kohlensäurehaltiges Mineralwasser verwandeln. So sparen Sie sich eine Menge Kosten und das Schleppen von Getränkekisten.

Getränke mit Frusip's®

Die Herstellung von Getränken mit Frusip's ist kinderleicht und nimmt kaum mehr Zeit in Anspruch, als Sie benötigen, um eine Flasche Fertiggetränk aus dem Kühlschrank zu nehmen, zu öffnen, einzuschenken, zu verschließen und wieder in den Kühlschrank zurückzustellen. Sie nehmen ein Glas, geben Frusip's, Süßstoff, eventuell noch Vitamine, Mineral- und Ballaststoffe hinzu, gießen Wasser darauf, rühren um und – schon ist Ihr Getränk fertig. Noch einfacher geht es, wenn Sie eine größere Menge Frusip's-Getränk herstellen und in einer Flasche aufbewahren. Als generelle Richtlinie, die Sie natürlich nach Geschmack und Belieben verändern können, hier zunächst das Grundrezept zur Herstellung von Getränken mit Frusip's.

Abb. 1: Auch die klassischen Bittergetränk-Geschmacksrichtungen, wie Tonic, Bitter Lemon oder Ginger Ale, können Sie mit Frusip's leicht mixen.

Mischen von fertigem Fruchtgetränk 1:40
1 Glas (200 ml) Wasser oder kohlensäurehaltiges Wasser
1–1 ½ TL (5 ml) Frusip's 1:40
1–2 Tabl. Lightsüß HT

Für eine Flasche (0,7 Liter):
0,7 l Wasser oder kohlensäurehaltiges Wasser
1 ¾ EL (oder 17,5 ml) Frusip's 1:40
4–7 Tabl. Lightsüß HT

Für eine Flasche (1 Liter):
1 l Wasser oder kohlensäurehaltiges Wasser
2 ½ EL (25 ml) Frusip's 1:40
6–10 Tabl. Lightsüß HT

Mischen von fertigem Fruchtgetränk 1:20
1 Glas (200 ml) Wasser oder kohlensäurehaltiges Wasser
2–3 TL (10 ml) Frusip's 1:20
1–2 Tabl. Lightsüß HT

Für eine Flasche (0,7 Liter):
0,7 l Wasser oder kohlensäurehaltiges Wasser
3 ½ EL (35 ml) Frusip's 1:20
4–7 Tabl. Lightsüß HT

Für eine Flasche (1 Liter):
1 l Wasser oder kohlensäurehaltiges Wasser
5 EL (50 ml) Frusip's 1:20
6–10 Tabl. Lightsüß HT

Ballaststoffreiche Getränke

Mit Getränken nimmt man normalerweise nur wenig Ballaststoffe auf. Dies können Sie leicht ändern, wenn Sie Ihre Getränke mit Ballastsüße HT süßen. Geben Sie aber pro Portion nicht mehr als einen Teelöffel zu. Über den Tag können Sie sich auf diese Weise drei bis vier schmackhafte und ballaststoffreiche Drinks mixen.

Spritzige Apfel-Ananas-Schorle

200 ml	Mineralwasser
½ TL	Frusip's Apfel
½ TL	Frusip's Ananas
1–2 Tabl.	Lightsüß HT oder
1 TL	Ballastsüße HT

Alles gut verrühren und mit Ananasstückchen dekorieren. Mit diesem Glas nehmen Sie ca. drei Gramm lösliche Ballaststoffe auf.

Pink Orange

100 ml	Orangensaft
1–1 ½ TL	Frusip's Pink Grapefruit oder Blutorange
1 Tabl.	Lightsüß HT oder
1 TL	Ballastsüße HT
evtl. 1 TL (4 g)	Apfelfaser HT
100 ml	Mineralwasser

Alle Zutaten, bis auf das Mineralwasser, mit dem Pürierstab verrühren. Dann mit Mineralwasser auffüllen. Ein Teelöffel Apfelfaser hat 0,5 Gramm lösliche Ballaststoffe und 1,9 Gramm unlösliche.

Abb. 2: Mit erfrischenden Getränken – wie zum Beispiel der Apfel-Ananas-Schorle – können Sie Ihre Ballaststoff-Aufnahme auf angenehme Art steigern.

Bloody Jack

100 ml	Wasser
100 ml	Tomatensaft
1 ½ TL	Frusip's Orange
1 EL (5 g)	Multipekt Plus
	Salz und Pfeffer

Alle Zutaten zusammen im Mixer kurz aufschlagen, fünf Minuten quellen lassen, dann nochmals kurz aufschlagen. Mit dem einen Eßlöffel Multipekt Plus nehmen Sie 1,1 Gramm lösliche Ballaststoffe und 0,7 Gramm unlösliche auf. Wenn Sie möchten, können Sie zusätzlich noch einen Teelöffel (3 Gramm) Inulin 90 HT zugeben, dann erhöht sich der lösliche Ballast um 2,7 Gramm.

Bunny's Best

100 ml	Wasser
100 ml	Karottensaft
1 TL	Frusip's Blutorange
1 TL	Frusip's Zitrone/Limette
1 TL	Ballastsüße HT
1 Prise	Muskat

Alle Zutaten verrühren und mit einer Orangenscheibe dekorieren.

Ballastgetränk Aronia-Apfel

150 ml	Mineralwasser
50 ml	Apfelsaft
1 ½ TL	Frusip's Aronia
1 geh. TL	Apfelfaser HT
1 TL	Ballastsüße HT
1 Msp.	Multivitaminpulver HT

Alle Zutaten mit dem Pürierstab verrühren, eventuell Eiswürfel zugeben. Das Getränk enthält zwei Gramm unlösliche Ballaststoffe und ca. drei Gramm lösliche. Damit haben Sie schon mehr als 16 Prozent ihres täglichen Bedarfs aufgenommen. Aronia ist eine Beerenfrucht mit vielseitigen positiven Wirkungen auf Ihre Gesundheit (siehe *Seite 24 f.)*.

Choucroute-Traube

50 ml	Sauerkrautsaft
1 TL	Frusip's Rote Traube
1 TL	Frusip's Aronia
1 TL	Ballastsüße HT
150 ml	Mineralwasser

Die Zutaten in der aufgeführten Reihenfolge mischen, zum Schluß mit Mineralwasser auffüllen.

Cocktails

Harry Weide, hochdekorierter Profibarmixer und Chef von Harry's Dynamo Cocktails, kreierte die folgenden Cocktailrezepte mit Frusip's speziell für die Hobbythek.

Alkoholfreie Cocktails

Guanabana Colada (zart schmelzend)

ca. 150 g	Eiswürfel
70 ml	frisch gepreßter Ananassaft
50 ml	Milch
30 ml	Kokosmilch
20 ml	Sahne (30 % Fett)
1 ½ TL	Frusip's Guanabana
3 Tabl.	Lightsüß HT

Alle Zutaten in den Mixer geben und auf höchster Stufe verquirlen. Die Hälfte des Glases mit Eiswürfeln füllen und alles in das Glas geben. Mit einem Minzeblatt und einer *Physalis* (Frucht der Lampionblume) dekorieren und Kokosstreusel darüberstreuen.

Easy Rider (frech und frisch)

10 ml	frisch gepreßter Limettensaft
½ TL	Frusip's Minze
1 ½ TL	Frusip's Traube
2 Tabl.	Lightsüß HT
	zerstoßenes Eis
	Mineralwasser

Limettensaft, Frusip's und Lightsüß HT in ein Longdrinkglas (200 Milliliter) geben. Mit Eis zu dreiviertel auffüllen, dann Mineralwasser zugeben. Einmal umrühren. Mit einer Cocktailkirsche und Minzblatt am Glasrand dekorieren. Zerstoßenes Eis können Sie übrigens sehr einfach selbst herstellen: Füllen Sie in eine Tüte oder einen Gefrierbeutel Eiswürfel oder frieren Sie Wasser direkt in einem Beutel ein. Schlagen Sie das Eis auf einem festen Untergrund mit einem Hammer in kleine Stücke, bis eine bewegliche Masse entsteht. Wenn Sie das zerstoßene Eis direkt nach dem Zerschlagen wieder einfrieren, können Sie es auch längere Zeit aufbewahren, ohne daß es wieder zusammenfriert.

Bunny Hopper (knackig und frisch)

ca. 100 g	Eiswürfel
70 ml	frisch gepreßter Orangensaft
½ TL	Frusip's Zitrone/Limette
1 TL	Frusip's Orange-Karotte
2 Tabl.	Lightsüß HT

Alle Zutaten in den Shaker geben und kräftig schütteln. Die Mixtur in das Glas absieben. Mit einer *Physalis* am Glasrand dekorieren.

Caipi-Passion (frisch verliebt)

¾	Limette
20 ml	frisch gepreßter Orangensaft
1 Tl	Frusip's Guanabana
½ TL	Frusip's Zitrone/Limette
½ TL	Frusip's Maracuja
2 Tabl.	Lightsüß HT
	zerstoßenes Eis
	Mineralwasser

Die Limette in Würfel schneiden und mit dem Lightsüß HT und Frusip's ins Glas geben. Die Limette mit einem Holzstößel kräftig zerstampfen. Orangensaft zugeben und etwas zerstoßenes Eis. Mit Mineralwasser auffüllen. Mit einer Cocktailkirsche und einer Limettenscheibe dekorieren.

Wake Up Call (exotisch und frisch)

ca. 100 g	Eiswürfel
10 ml	frisch gepreßter Zitronensaft
10 ml	frisch gepreßter Limettensaft
1 TL	Frusip's Grenadine o. Guanabana
2 Tabl.	Lightsüß HT
	Mineralwasser

Alle Zutaten, außer Mineralwasser, in den Shaker geben und kräftig schütteln. Die Hälfte des Glases mit Eiswürfeln füllen und die Mixtur in das Glas absieben. Mit Mineralwasser auffüllen und mit einer viertel Limette am Glasrand dekorieren.

Vita Flash (aufbauend)

ca. 100 g	Eis
70 ml	Kiwisaft (entspricht dem Saft ca. 1 Kiwi)
30 ml	frisch gepreßter Orangensaft
½ TL	Frusip's Zitrone/Limette
1 TL	Frusip's Multivitamin
1 Tabl.	Lightsüß HT

Alle Zutaten in den Shaker geben und kräftig schütteln. Die Mixtur in die vorgekühlte Sektschale absieben. Mit einer Kiwischeibe am Glasrand dekorieren.

Mint-Mandarin Cooler (würzig und frisch)

10 ml	frisch gepreßter Limettensaft
ca. 10	große, frische Minzblätter oder
½ TL	Frusip's Minze
40 ml	frisch gepreßter Ananassaft
1 TL	Frusip's Mandarine
2 Tabl.	Lightsüß HT
	zerstoßenes Eis
	Mineralwasser

Die Minzeblätter mit dem Limettensaft und dem Lightsüß HT in ein Longdrinkglas (200 Milliliter) geben. Wenn Sie keine frischen Minzeblätter haben, können Sie statt dessen einen halben Teelöffel Frusip's Minze verwenden. Die Minzeblätter mit einem Holzstößel kräftig zerstampfen. Die restlichen Zutaten in folgender Reihenfolge ins Glas geben: Ananassaft, zerstoßenes Eis, bis oben hin mit Mineralwasser auffüllen, Frusip's Mandarine zugeben. Einmal umrühren. Mit einer Mandarinenscheibe und einem Minzeblatt am Glasrand dekorieren.

Abb. 3: Frusip's Zitrone/Limette gibt dem Vita Flash eine erfrischend säuerliche Note.

Fruit Punsch
(fruchtig und spritzig)

ca. 100 g	Eiswürfel
100 ml	frisch gepreßter Ananassaft
50 ml	frisch gepreßter Orangensaft
10 ml	frisch gepreßter Limettensaft
¾ TL	Frusip's Cassis
½ TL	Frusip's Ananas
1 Tabl.	Lightsüß HT
10 ml	Mineralwasser

Alle Zutaten, außer Mineralwasser, in den Shaker geben und kräftig schütteln. Dreiviertel des Glases mit Eiswürfeln füllen und die Mixtur absieben. Mineralwasser zugeben. Eine viertel Ananasscheibe, ein Ananasblatt, eine Limettenscheibe und eine Cocktailkirsche auf einen Cocktailspieß stecken und mit einem Trinkhalm ins Glas geben.

Summer Breeze
(dynamisch und frisch)

ca. 150 g	Eiswürfel
40 ml	frisch gepreßterAnanassaft
10 ml	frisch gepreßter Limettensaft
¾ TL	Frusip's Bitter Lemon
1 Tabl.	Lightsüß HT
1 Spritzer	Frusip's Cassis
10 ml	Mineralwasser

Alle Zutaten, außer Mineralwasser und Frusip's Cassis, in den Shaker geben und kräftig schütteln. Die Mixtur in die vorgekühlte Sektschale (200 Milliliter) absieben. Mit Mineralwasser auffüllen und einen Spritzer Frusip's Cassis in die Mitte des Glases geben. Mit einer viertel Ananasscheibe und Cocktailkirsche am Glasrand dekorieren.

Cherry Cooler
(vollmundig und spritzig)

ca. 150 g	Eiswürfel
10 ml	frisch gepreßter Zitronensaft
¾ TL	Frusip's Kirsche
1 TL	Frusip's Cola
2 Tabl.	Lightsüß HT
	Mineralwasser

Alle Zutaten, außer Mineralwasser, in den Shaker geben und kräftig schütteln. Dreiviertel des Glases mit Eiswürfeln füllen und die Mixtur in das Glas absieben. Mit Mineralwasser auffüllen. Mit einer Zitronenscheibe am Glasrand dekorieren.

Strawberry Delight
(knackig und frisch)

ca. 100 g	Eiswürfel
120 ml	frisch gepreßter Orangensaft
2 TL	Frusip's Erdbeere
1 TL	Frusip's Ananas
2 Tabl.	Lightsüß HT
4	frische Erdbeeren

Alle Zutaten in den Mixer geben und diesen auf höchster Stufe laufen lassen. Alles in die vorgekühlte Sektschale (200 Milliliter) gießen und mit einer Erdbeere auf einer Orangenscheibe dekorieren.

Abb. 4: Dekorieren Sie Ihren Strawberry Delight mit einer Erdbeere und einer Orangenscheibe. So wird dieser Cocktail ein Genuß für Auge und Gaumen.

Pick Up (vitalisierend)

80 ml	frisch gepreßter Orangensaft
¾ TL	Frusip's Guarana
1 TL	Frusip's Multivitamin
½ TL	Frusip's Zitrone/Limette
2 Tabl.	Lightsüß HT
	zerstoßenes Eis

Alle Zutaten in den Shaker geben und kräftig schütteln. Das Glas mit zerstoßenem Eis auffüllen und die Mixtur in das Glas absieben. Ein Stück Limette kurz ausdrücken und mit einer Zitronenscheibe auf das zerstoßenes Eis legen.

Cocktails mit Alkohol

Margarita (bissig frisch)

ca. 100 g	Eiswürfel
10 ml	frisch gepreßter Zitronensaft
30 ml	Tequila
25 ml	Cointreau
½ TL	Frusip's Zitrone/Limette
1 Tabl.	Lightsüß HT

Alle Zutaten in den Shaker geben und kräftig schütteln. Den Rand der vorgekühlten Cocktailschale (100 Milliliter) mit einem Stück Limette einreiben und in Salz tunken, so daß ein Salzrand entsteht. Die Mixtur in das Glas absieben und mit einer viertel Limette am Glasrand dekorieren.

Whisky Sour (frisch, fruchtig und spritzig)

150 g	Eiswürfel
30 ml	frischer Zitronensaft (entspricht ca. ½ Zitrone)
25 ml	Bourbon Whisky
1 TL	Frusip's Orange
1 TL	Fruchtsüße HT
1 Tabl.	Lightsüß HT
40 ml	Mineralwasser

Alle Zutaten, außer Mineralwasser, in den Shaker geben und kräftig schütteln. Die Hälfte des Glases mit Eiswürfeln füllen und die Mixtur in das Glas absieben. Mit Mineralwasser auffüllen und das Glas mit einer Orangen- und Zitronenscheibe sowie einer Cocktailkirsche dekorieren.

Rum Bucket

ca. 150 g	Eiswürfel
70 ml	frisch gepreßter Ananassaft
30 ml	frisch gepreßter Orangensaft
15 ml	frisch gepreßter Limettensaft
30 ml	brauner Rum
1 TL	Frusip's Himbeere
2 Tabl.	Lightsüß HT
	Mineralwasser

Alle Zutaten, außer Mineralwasser, in den Shaker geben und kräftig schütteln. Dreiviertel des Glases mit Eiswürfeln füllen und die Mixtur in das Glas absieben. Mit Mineralwasser auffüllen. Eine viertel Ananasscheibe, eine Orangenscheibe und eine Cocktailkirsche auf einen Cocktailspieß stecken und mit einem Trinkhalm ins Glas geben.

Strawberry Frozen Daiquiri

ca. 150 g	Eiswürfel
20 ml	frisch gepreßter Zitronensaft
50 ml	Havana Club
1 TL	Frusip's Erdbeere
2 TL	Fruchtsüße HT
3	große Erdbeeren

Alle Zutaten in den Mixer geben und diesen auf höchster Stufe laufen lassen. Alles in eine Sektschale geben und mit einer Erdbeere am Glasrand dekorieren.

Longdrinks

Wodka Bitter Lemon

200 ml	Mineralwasser
50 ml	Wodka
1 ½ TL	Frusip's Bitter Lemon
1 Tabl.	Lightsüß HT

Alle Zutaten in ein Longdrinkglas (200 Milliliter) geben und gut durchrühren.

Havanna

200 ml	Mineralwasser
1–2 TL	weißer Rum
1 ½ TL	Frusip's Cola
½ TL	Frusip's Zitrone Limette
2 Tabl.	Lightsüß HT

Die Zutaten, außer Mineralwasser, verrühren. Zum Schluß mit Mineralwasser auffüllen.

Campari Orange

200 ml	Wasser oder Mineralwasser
2–4 TL	Campari
1 TL	Frusip's Orange
2 Tabl.	Lightsüß HT

Alle Zutaten gut vermischen. Sie können statt Frusip's Orange auch Frusip's Pink Grapefruit verwenden.

Abb. 5: Bei unserem Campari-Longdrink können Sie zwischen Frusip's Orange oder Frusip's Pink Grapefruit wählen.

Bowle

Winterbowle

750 ml	heißes Wasser
250 ml	Rotwein
5 EL	Frusip's Glühpunsch
3 EL	Frusip's Erdbeere
45 g	Fruchtsüße HT
½	Zimtstange
1	Orange

Alles zusammen in einen Topf geben, verrühren und erwärmen. Die Winterbowle wird heiß getrunken

Alkoholfreie Winterbowle

750 ml	heißes Wasser
250 ml	Wasser
5 EL	Frusip's Glühpunsch
3 EL	Frusip's Erdbeere
45 g	Fruchtsüße HT
½	Zimtstange
1	Orange

Alles zusammen in einen Topf geben, verrühren und erwärmen. Die Winterbowle wird heiß getrunken

Liköre

Liköre sind köstliche Getränke für viele Gelegenheiten. Sie eignen sich außerdem hervorragend als Zugabe zu Eis oder Desserts. Das Besondere an den von uns hier vorgestellten Likören ist, daß Sie sie nach Ihrem eigenen Geschmack im Handumdrehen zubereiten können.
Zunächst einige praktische Hinweise zur Likörherstellung:
Da es sich bei den Zugaben um größere Mengen handelt, haben wir alle Mengenangaben in Milliliter (ml) berechnet, die sie in einem Meßzylinder einfach abmessen können. Für die meisten Rezepte gilt, daß Sie sie ohne weiteres variieren können. Der Gehalt an Fruchtsüße HT kann immer herab- oder heraufgesetzt werden. Bei den Rezepten für Fruchtliköre geben Sie einfach die Zutaten in der genannten Reihenfolge in eine Flasche, wobei Sie am besten einen Trichter zu Hilfe nehmen. Kräftig schütteln – und Ihr Likör ist fertig.
Die Liköre mit Schmand, Sahne und Joghurt sollten Sie jedoch, bevor Sie sie in die Flasche geben, in einer Schüssel o. ä. mit dem Mixstab durchmischen, da sich die Bestandteile dann wesentlich besser verbinden. Nach unseren Grundrezepten können Sie viele Variationen mit verschiedenen Frusip's kreieren.
Achten Sie nur darauf, daß der Likör zum Schluß noch genügend Alkohol enthält (ca. 15 Prozent), damit er sich eine Weile hält.

Formidable Fruchtliköre

Wenn Sie den Fruchtlikör ein paar Tage reifen lassen, schmeckt er noch besser. Setzen sich in der Flasche Fruchtbestandteile ab, gießen Sie den Likör durch einen Kaffeefilter ab.

Abb. 6: Unsere Sahneliköre sind besonders köstlich. Doch da alles Gute vergänglich ist, müssen sie relativ schnell aufgebraucht werden. Aber das wird Ihnen nicht schwerfallen.

Abb. 7: Fruchtliköre: Schnell hergestellt und gern getrunken.

Ananaslikör

200 ml	Weißwein
100 ml	weißer Rum
2 ½ EL (25 ml)	Frusip's Ananas
100 ml	Fruchtsüße HT

Kirschlikör

200 ml	Weißwein
150 ml	Weinbrand
2 EL (20 ml)	Frusip's Kirsch
100 ml	Fruchtsüße HT

Apfel-Cranberry-Wodkalikör

200 ml	Weißwein
120 ml	Wodka
2–3 EL	(20–30 ml) Frusip's Apfel-Cranberry
100 ml	Fruchtsüße HT

Cremeliköre

Die Cremeliköre sind besonders köstlich. Da alles Gute schnell vergänglich ist, müssen sie im Kühlschrank aufbewahrt werden und sind auch nur kurze Zeit haltbar. Nachdem Sie die Cremeliköre aus dem Kühlschrank genommen haben, sollten Sie sie zunächst gut schütteln.

Cappuccino-Sahnelikör

240 ml	Weinbrand
100 ml	Schmand
100 ml	H-Sahne
2 EL (20 ml)	Frusip's Cappuccino
100 ml	Fruchtsüße HT

Kirsch-Joghurtlikör

240 ml	Weinbrand
200 ml	Joghurt
2 EL	Frusip's Kirsch
100 ml	Fruchtsüße HT

Orangen-Cremelikör

240 ml	Weinbrand
100 ml	Schmand
100 ml	Joghurt
2 EL (20 ml)	Frusip's Orange
100 ml	Fruchtsüße HT

Cremeliköre mit Inulin

Geben Sie das Inulin (siehe *Seite 20*) in die fertige Likörmischung und rühren Sie noch einmal um.

Aprikosen-Joghurtlikör

250 ml	Weinbrand
200 ml	Joghurt
4 EL	Frusip's Aprikose
100 ml	Fruchtsüße HT
1 geh. EL	Inulin 90 HT

Mandarinen-Cremelikör

250 ml	Weinbrand
100 ml	Schmand
100 ml	Joghurt
2 EL	Frusip's Mandarine
100 ml	Fruchtsüße HT
1 geh. EL	Inulin 90 HT

Heiße Getränke

Heiße Getränke wie Tee oder Kaffee lassen sich mit einem Schuß Frusip's sehr abwechslungsreich variieren. Probieren Sie einfach aus, was Ihnen am besten gefällt. Hier einige Rezepte zur Anregung. Auch dabei können Sie Ihre Getränke mit Ballaststüße HT noch gesünder werden lassen.

Kirschtee mit Oligofructose

1 Tasse	Hagebutten-Hibiskustee
½ TL	Frusip's Kirsche
1 TL	Ballastsüße HT oder
1 Tabl.	Lightsüß HT

Dieser Tee schmeckt heiß, aber auch mit Eiswürfeln gut gekühlt. Er erfrischt nicht nur, er liefert auch Ihrer Darmflora die richtige Nahrung.

Russischer Tee

1 Tasse	schwarzer Tee
½ TL	Frusip's Kirsch oder Himbeere
1 Tabl.	Lightsüß HT

Servieren Sie diesen Tee in einem Teeglas, dekoriert mit einer mit Zimt bestäubten Zitronenscheibe.

Apfel-Zimt-Punsch

500 ml	Wasser
20–40 ml	brauner Rum
2 EL	Frusip's Apfel-Zimt
1 Spritzer	Frusip's Zitrone/Limette oder
1 Spritzer	Frusip's Cassis
3–4 Tabl.	Lightsüß HT
⅓	Zimtstange
1	säuerlicher Apfel

Abb. 8: Die Zimtstange und der Apfel, die vor dem Ansetzen einige Stunden im Rum ziehen, verleihen dem Apfel-Zimt Punsch ein weihnachtliches Aroma.

Den Apfel mit Schale in kleine Stückchen schneiden und dann mit der Zimtstange zwei bis drei Stunden im Rum ziehen lassen. In einen Topf geben und dann mit dem heißen, gesüßten Getränk übergießen. Dieser Punsch läßt sich gut mit einem Spritzer Frusip's Zitrone/Limette oder Cassis abschmecken.

Kaffee Nougat

120–200 ml	Milchkaffee
½ TL	Frusip's Cappuccino
½ TL	Frusip's Nougat
evtl. 1 Tabl.	Lightsüß HT oder
1 TL	Ballastsüße HT

Alle Zutaten gut verrühren. Hierzu paßt ein Sahnehäubchen mit etwas Kakaopulver bestäubt.

Kaffee mit geschäumter Frusip's-Milch

100 ml	Milch
100 ml	Kaffee
½ TL	Frusip's Orange oder Kirsche o. ä.
1 Tabl.	Lighsüß HT
	Kakaopulver

Lösen Sie die Lightsüß-Tablette in der kalten Milch auf und rühren den Frusip's ein. Schäumen Sie diese Mischung auf. Geben Sie heißen Kaffee in eine große Café-au-lâit-Tasse und gießen die Milch darüber. Mit etwas Kakaopulver bestreuen und genießen. Dazu paßt auch noch ein Schuß Cointreau.

Vanilla Tea

1 Tasse	schwarzer Tee
½ TL	Frusip's Vanille
½ TL	Frusip's Orange
1 TL	Ballastsüße HT

Abb. 9: Auch heiße Getränke wie Tee, Punsch oder Kaffee lassen sich durch Frusip's sehr abwechslungsreich zubereiten.

Mit einem Sahnehäubchen servieren. Dieser Tee hat 1,9 bis 3,8 Gramm lösliche Ballaststoffe. Wenn Ihnen das zu viel ist, können Sie auch mit einem Teelöffel Fruchtsüße HT oder einer Tablette Lightsüß HT süßen.

Milch – ein ganz besonderes Getränk

Milch ist der wichtigste Calciumlieferant für den menschlichen Organismus und ist deshalb die ideale Ergänzung zu Früchten und Säften, wenn man nicht unter einer Milchzuckerintoleranz leidet. Leider halten viele Erwachsene Milch für „Kinderkram", dabei kann Milch, wie Sie gleich sehen werden, so gut schmecken!

Mixgetränke mit Milch, Buttermilch, Joghurt und Sojamilch

Mixt man Frusip's mit Milch, so sollte man nur relativ säurearme Frusip's verwenden, da ansonsten die Milch gerinnt. Anders verhält es sich bei Joghurt, Buttermilch oder Kefir, die bereits soviel Milchsäure enthalten, daß auch saure Frusip's gut dazu passen. Aber auch Sojamilch, die im Handel zum Beispiel als Sojadrink oder ähnliches bezeichnet wird, kann mit Frusip's vieler Fruchtsorten gemischt werden. Köstlich schmeckt sie zum Beispiel mit Frusip's Himbeere. Fast alle Rezepte können Sie variieren und mit

Ihrer bevorzugten Milchart genießen. Wenn Sie Joghurt mit Wasser oder Saft verdünnen, wird er zum angenehm flüssigen Trinkjoghurt. Selbstgemachten Joghurt lassen Sie am besten nur kürzere Zeit reifen, dann ist er noch flüssig.

Grundrezept-Fruchtmilch

Auf 200 Milliliter Milch oder Buttermilch geben Sie:

1–1½	TL Frusip's 1:40 wie Orange, Mandarine, Cappuccino etc.
2–3 TL	Frusip's 1:20 wie Ananas, Blutorange, Aprikose etc.
1–2 Tabl.	Lightsüß HT oder
1 TL	Ballastsüße HT

Milch, Frusip's und Lightsüß HT oder Ballastsüße HT miteinander verrühren. Wenn Sie alles mit dem Pürierstab verquirlen, erhalten Sie einen schaumigen Milchshake. Gekühlte H-Milch schäumt übrigens besonders gut. Die Lightsüß-Tabletten lösen sich in der Milch leicht auf, mit der flüssigen Ballastsüße HT bekommen Sie auf die einfachste Art gesunde, lösliche Ballaststoffe in Ihre Milch. Den gleichen Effekt erreichen Sie, wenn Sie einen Teelöffel (drei Gramm) Inulin 90 HT zufügen. Das schmeckt dann zwar nicht süß, hat aber den Vorteil, selbst fettarme Milch so cremig wie Vollmilch schmecken zu lassen.
Der Milchshake kann auch mit flüssigem Honig oder Fruchtsüße HT gesüßt oder völlig ohne Süßungsmittel getrunken werden.

Karibik-Drink

150 ml	Buttermilch
1–2 TL	Frusip's Ananas, Maracuja oder Guanabana
1–2 Tabl.	Lightsüß HT
evtl. 50 ml	Mineralwasser

Alle Zutaten verrühren.

Zimt-Shake

200 ml	fettarme Milch
1 EL	Frusip's Apfel
1–2 Tabl.	Lightsüß HT
1 Prise	Zimt
evtl. 1 TL	Inulin 90 HT

Mit dem Pürierstab schaumig rühren.

Banana Milk

500 ml	Milch o. Buttermilch
1–2 EL	Frusip's Zitrone/Limette
evtl. 1–2 EL	Fruchtsüße HT o. Honig oder
3–4 Tabl.	Lightsüß HT
2	Bananen (250 g)

Die Zutaten mit dem Mix- bzw. Pürierstab zerkleinern und schaumig schlagen.

Joghurtdrink „Pink Grapefruit"

150 ml	Joghurt
50 ml	Orangensaft
1 TL	Frusip's Pink Grapefruit
1 TL	Ballastsüße HT oder
2 Tabl.	Lightsüß HT
evtl. 1 Schuß	Mineralwasser

Alle Zutaten mit dem Mix- bzw. Pürierstab schaumig rühren.

Aprikosen-Cobbler

200 ml	Buttermilch oder Kefir
3 TL	Frusip's Aprikose
1 TL	Frusip's Vanille
1–2 Tabl.	Lightsüß HT
1 TL	Inulin 90 HT

Mit dem Mix- bzw. Pürierstab schaumig rühren, eventuell mit frischen Fruchtstücken servieren.

Buttermilchflip „Mandarine"

500 ml	Buttermilch oder Milch
1 EL	Frusip's Mandarine
2 EL	Fruchtsüße HT
2–3	frische Mandarinen
evtl. 1–2 TL	Inulin 90 HT

Die Mandarinen in Stückchen schneiden und alle Zutaten mit dem Mix- bzw. Pürierstab schaumig rühren.

Erfrischungs-Shake nach dem Sport

100 ml	Mineralwasser
100 ml	Joghurt
1 EL	Frusip's Apfel-Cranberry
1 EL	Fruchtsüße HT
1 Msp.	Multimineralpulver HT Super

Alle Zutaten mit dem Pürierstab schaumig rühren. Dieser Drink schmeckt auch gut mit Frusip's Pink Grapefruit.

Marzipan-Milch

200 ml	Milch
2–3 TL	Frusip's Marzipan
1–2 Tabl.	Lightsüß HT
evtl. 1 TL	Inulin 90 HT

Mit dem Pürierstab schaumig rühren.

Himbeer-Sojagetränk

200 ml	Sojamilch
1 TL	Frusip's Himbeere
2 TL	Fruchtsüße HT oder Honig oder
1–2 Tabl.	Lightsüß HT

Alle Zutaten mit dem Pürierstab schaumig schlagen. In dieser Kombination schmeckt die Sojamilch besonders gut.

Pikanter Joghurt-Shake

50 ml	Tomatensaft
150 ml	Joghurt
2 TL	Frusip's Orange-Karotte
1 TL	Inulin 90 HT
1 Prise	Salz
	frisch gemahlener Pfeffer

Die Zutaten im Shaker schütteln. Anstelle von Joghurt können Sie auch Kefir verwenden.

Cool Cappuccino

150 ml	Milch
50 ml	Sahne
1 TL	Frusip's Cappuccino
1–2 Tabl.	Lightsüß HT

Mit dem Mix- bzw. Pürierstab schaumig schlagen und eiskalt genießen. Dafür lassen Sie jeden Eiskaffee stehen.
Variation: Nach dem gleichen Rezept können Sie sich mit den entsprechenden Frusip's-Sorten Vanille-Milch, Nougat-Shake oder Schokoladenmilch zubereiten.

Abb. 10: Milch ist der wichtigste Calciumlieferant für den menschlichen Organismus. Deshalb sollten Sie sich öfter mal ein frisches Milchmixgetränk gönnen, zum Beispiel einen Milchmix Orange-Karotte.

Spritziger Guarana-Kefir

200 ml	Kefir
½ TL	Frusip's Zitrone/Limette
1 TL	Frusip's Guarana
2 Tabl.	Lightsüß HT
evtl. 50 ml	Mineralwasser

Alle Zutaten verrühren.

Vanilla Cream

50 ml	Mineralwasser oder zerstoßenes Eis
150 ml	Joghurt
½ TL	Frusip's Zitrone/Limette
1 TL	Frusip's Vanille
1 EL	Schmand oder Sahne
1 Tabl.	Lightsüß HT

Dieses Getränk schmeckt auch mit zwei Teelöffeln Frusip's Cappuccino statt Zitrone/Limette sehr gut.

„Ballastleichte" Buttermilch

200 ml	Buttermilch
1–2 TL	Frusip's Pfirsich
1 TL	Frusip's Vanille
2 Tabl.	Lightsüß HT
1 TL	Inulin 90 HT
1 EL (5 g)	Multipekt plus

Alle Zutaten mit dem Pürierstab schaumig rühren, fünf Minuten quellen lassen und noch mal durchrühren.

Guacamolina

500 ml	Buttermilch oder Milch
1 EL	Frusip's Orange
1–2 TL	Frusip's Zitrone/Limette
1	Avocado
1 Prise	Salz
	frisch gemahlener Pfeffer

Die reife, weiche Avocado halbieren, den Kern herausnehmen und das Fruchtfleisch mit einem Teelöffel herausholen. Dann alle Zutaten mit dem Mixstab pürieren.

Fitneßmilch Orange-Karotte

3	Eiswürfel
200 ml	Buttermilch oder fettarme Milch
2 TL	Frusip's Orange-Karotte
1 Prise	Salz
	frische gehackte Kräuter
evtl. 1 TL	Inulin 90 HT

Alle Zutaten einfach verrühren, fertig.

Errötender Joghurt

50 ml	Tomatensaft
150 ml	Joghurt
1 TL	Frusip's Zitrone/Limette oder Blutorange
1 Prise	Salz
	frisch gemahlener Pfeffer

Die Zutaten mit dem Pürierstab verrühren.

Flip „Rote Traube"

100 ml	Milch
100 ml	Joghurt
2 TL	Frusip's Rote Traube
1 TL	Inulin 90 HT

Die Zutaten mit dem Pürierstab schaumig rühren. Sie können auch noch einen Teelöffel Apfelfaser HT zugeben.

Abb. 11: Ein köstliches Milchmixgetränk: der Guacamolina.

Schoko-Flip Orange

200 ml	fettarme Milch
1 TL	Frusip's Schokolade
½ TL	Frusip's Orange
1–2 Tabl.	Lightsüß HT
1 TL	Inulin 90 HT

Die Zutaten mit dem Pürierstab verrühren, das Glas mit einer Orangenscheibe dekorieren.

Sauer macht lustig – und gesund

Joghurt & Co.

In jeder Darmflora halten sich unzählige Bakterien auf. Und das ist in keinster Weise schädlich oder ungesund. Im Gegenteil, die Bakterien sind absolut notwendig für verschiedene Verdauungsvorgänge. Entscheidend ist allerdings, daß es sich um die „richtigen" Bakterien handelt. Zu diesen „positiven" Bakterien gehören unter anderem bestimmte Arten von Colibakterien sowie Bifidobakterien und verschiedene Milchsäurebakterien. Wenn diese sich hinreichend stark vermehren, nehmen sie den gefährlichen Mikroorganismen den Lebensraum weg und verdrängen sie so.

Abb. 1: Die Anschaffung eines elektrischen Joghurt-Bereiters lohnt sich auf jeden Fall. Sie können damit auch probiotischen Joghurt selber frisch herstellen.

Milchsäurebakterien sind in der Lage, Milchzucker in Milchsäure umzuwandeln. Nun enthält nicht nur die Milch Milchzucker, sondern auch sehr viele Gemüse, wie zum Beispiel Weißkohl. Deshalb kann man aus ihm mit Hilfe von Milchsäurebakterien Sauerkraut herstellen. Genauso kann man Gurken, Möhren, Paprika, Blumenkohl usw. säuern und zu Mixed Pickles verarbeiten.

Milchsäurebakterien sind außerdem dafür verantwortlich, daß die Milch – frisch aus dem Kuheuter – schon innerhalb von 12 bis 24 Stunden sauer werden kann, wenn sie nicht pasteurisiert wird. Auf diese Weise haben gesäuerte Milchprodukte in Osteuropa bereits eine lange Tradition. Dort gehören Joghurt, Kefir und Quark zu den alltäglichen Lebensmitteln. Wichtig ist natürlich, daß diese Milchspeisen nicht pasteurisiert oder sterilisiert werden, dann enthalten sie nämlich kaum noch gesunde Inhaltsstoffe. Wenn Sie sich Ihren Joghurt selbst herstellen, können Sie diesen mit ganz besonders wirksamen Bakterien, sogenannten „probiotischen Milchsäurebakterien", die in letzter Zeit ganz groß beworben werden, versetzen. Das Besondere an diesen probiotischen Bakterien ist, daß sie wesentlich resistenter gegen die Angriffe der Salzsäure und anderer Verdauungssäfte aus dem Magen sind und dadurch unbeschädigt in den Darm gelangen. Dort sorgen sie für ein gesundes saures Milieu und wirken äußerst aktivierend auf das Immunsystem (siehe Hobbythekbuch „Darm & Po").
Verschiedene Firmen haben inzwischen wissenschaftliche Expertisen zu diesem Thema vorgelegt. Die Firma Nestlé propagiert das Bakterium LC$_1$, das in dieser Hinsicht offenbar hervorragende Eigenschaften besitzt. LC^1 heißt *Lactobacillus acidophilus 1*. Die Firma Danone setzt auf *Lactobacillus casei actimell*. Die Firma Südmilch benutzt die Milchsäurebakterien *Lactobacillus goldin* und *gorbach*, benannt nach den Entdeckern Goldin und Gorbach.
Alle probiotischen Joghurts können Sie hervorragend als Starterkultur für Ihren selbstgemachten Joghurt verwenden. Der Preis von Joghurtbereitern ist inzwischen erschwinglich. Er liegt zwischen 25 und 40 DM. Diese Investition haben Sie schnell wieder heraus, denn die probiotischen Joghurts sind im Handel sehr teuer. Aus einem kleinen Döschen, das Sie als Starterkultur verwenden, können Sie bis zu fünf Liter Joghurt gewinnen.

Verwenden Sie bitte zur Joghurtbereitung keine unbehandelte Roh- oder Frischmilch, die nicht pasteurisiert ist. Die wichtigen lebenden Kulturen geben Sie ja schließlich selbst zu. Frischmilch müssen Sie vorher abkochen und wieder abkühlen lassen. Es empfiehlt sich sogar, die preiswerte H-Milch als Basis zu verwenden, und zwar sowohl Voll- als auch Magermilch.

Selbstgemachter probiotischer Joghurt

Grundrezept I

1 gestr. EL	probiotischer Joghurt
1 l	Milch

Verrühren Sie den Joghurt gleichmäßig in der Milch und geben Sie diese Mischung in den Joghurtautomaten. Mit der Zeitschaltuhr können Sie in der Regel den Grad der Säuerung einstellen. Nach 10 bis 12 Stunden erhalten Sie einen festen, sauren Joghurt mit viel Milchsäurebakterien, nach 6 bis 8 Stunden ist das Produkt eher dünnflüssig und nicht so sauer.
Die gekaufte Starterkultur, also der teure Joghurtbecher, sollte sorgfältig wieder verschlossen werden, zum Beispiel, indem Sie den Becher in ein Marmeladenglas geben, das Sie mit einem Deckel verschließen können. Verwenden Sie für die Joghurtentnahme nur saubere Löffel. Bewahren Sie den Starterjoghurt im Kühlschrank auf. Sie können ihn dann mehrmals als Starter verwenden, d. h. aus einem Joghurtbecher können Sie mindestens fünf Liter Joghurt herstellen. Natürlich können Sie auch Ihren selbst hergestellten Joghurt als Starter verwenden, aber nicht über mehr als drei bis vier Generationen, weil sich auch andere, schädliche Bakterien darin vermehren können. Natürlich können Sie zusätzlich unsere praebiotischen Ballaststoffprodukte Inulin 90/100 HT, Gummar HT und Oligofruct HT zur Herstellung eines probiotischen Joghurts verwenden (siehe

Seite 19 ff.). Dann ist Ihr Joghurt direkt mit Ballaststoffen angereichert.

Grundrezept II

1 gestr. EL	probiotischer Joghurt
20 g	Inulin 90/100 HT o. Oligofruct HT o. Mischungen daraus
1 l	Milch

Lösen Sie das Pulver in der Milch auf, bei Oligofruct HT und Inulin 90 HT auf kaltem Wege, bei Inulin 100 HT müssen Sie so vorgehen wie auf *Seite 20* beschrieben. Geben Sie dann den probiotischen Joghurt hinzu, rühren noch einmal gut durch und schalten Sie den Joghurtbereiter ein.

Die folgenden Rezepte können Sie mit gekauftem oder selbst hergestelltem Joghurt realisieren. In jeden Joghurt, der keine Ballastsüße HT enthält, können Sie zusätzlich ca. einen viertel Teelöffel Gummar HT (siehe *Seite 21*) unterrühren.

Abb. 2: Marzipanjoghurt mit Mohn ist nicht nur köstlich, sondern auch sehr ballaststoffreich.

Marzipanjoghurt mit Mohn

150 ml	Joghurt
1 TL	Frusip's Marzipan
1 TL	Ballastsüße HT
1 EL	Quark
1–2 TL	Mohnsamen

Alle Zutaten mit dem Joghurt gut verrühren. Mohnsamen hat einen extrem hohen Ballaststoffgehalt von 20 Prozent.

Erdbeer-Sahnejoghurt

150 g	Sahnejoghurt
2–3 TL	Frusip's Erdbeere
1 EL	Quark
1–2 Tabl.	Lightsüß HT
1 TL	Inulin 90 HT
1–2 TL	Leinsamen
3–4	Erdbeeren

Die Erdbeeren kleinschneiden. Alle Zutaten gut mit dem Joghurt verrühren.

Bananen-Guanabana-Joghurt

150 ml	Joghurt
1 TL	Frusip's Guanabana
1 TL	Inulin 90 HT
1–2 TL	Fruchtsüße HT
1 TL	gehackte Nüsse
½	Banane

Die Banane mit der Gabel zerdrücken. Alle Zutaten mit dem Joghurt verrühren.

Abb. 3: Die Zubereitung dieses Müsli-Apfel-Joghurts ist zwar etwas zeitaufwendig, aber der Genuß wird Sie für alle Mühe entschädigen.

Müsli-Apfel-Joghurt

150 ml	Joghurt
1 ½ TL	Frusip's Apfel-Cranberry
1 TL	Ballastsüße HT
3 TL	Grünkernkörner
½	Apfel

Den Apfel kleinschneiden. Alle Zutaten gut mit dem Joghurt verrühren. Die Grünkernkörner werden am besten über Nacht ca. acht Stunden eingeweicht und dann etwa 10 bis 15 Minuten im Topf gekocht. Die Körner sind dann noch bißfest, gerade richtig, um sie im Müsli zu genießen. Lassen Sie die Körner in einem Sieb abtropfen und etwas abkühlen. Das klingt zwar etwas aufwendig, aber der Genuß wird Sie dafür entschädigen. Grünkern ist übrigens besonders gut bekömmlich.

Orangen-Karotten-Joghurt

150 ml	Joghurt
1 ½ TL	Frusip's Orange-Karotte
1 EL	Ballastsüße HT
1 TL	Schmand oder Distelöl
2 TL	Sesamsamen
1	kleine Möhre

Die Möhre fein raspeln. Damit das in der Möhre enthaltene Beta-Carotin vom Körper besser aufgenommen werden kann, ist es wichtig, etwas Fett zuzugeben. Die Sesamsamen schmecken am besten, wenn sie vorher angeröstet wurden. Dabei können Sie sich einen Vorrat für etwa zwei bis drei Wochen rösten, wenn Sie die Samen in einem verschlossenen Glas aufbewahren. Anstelle der Sesamsamen können Sie auch gehackte Haselnüsse, Walnüsse oder Leinsamen zugeben. Der Leinsamen wird nicht geröstet, sondern einfach so verwendet. Alle Zutaten gut mit dem Joghurt verrühren.

Cola-Joghurt

150 ml	Joghurt
½ TL	Frusip's Cola
1 Tabl.	Lightsüß HT
1 TL	Inulin 90 HT

Alle Zutaten gut mit dem Joghurt verrühren. Natürlich können Sie hierbei auch Frusip's Kindercola verwenden. *Variation:* Als weitere interessante Kombination empfehlen wir Frusip's Bitter Lemon statt Frusip's Cola. Dosieren Sie auch dabei sehr sparsam, der Geschmack wird sonst leicht herb.

Abb. 4: Orangen-Karotten-Joghurt: Gönnen Sie sich eine zusätzliche Beta-Carotin-Einheit.

Mandarinen-Joghurt mit Mandeln

150 ml	Joghurt
1 EL	Quark
1 TL	Frusip's Mandarine
1–2	Tabl. Lightsüß HT
1 TL	Inulin 90 HT
2 TL	gehackte Mandeln

Alle Zutaten gut mit dem Joghurt verrühren.

Sprossen-Joghurt

150 ml	Joghurt
1 ½ TL	Frusip's Aprikose
1–2 TL	Fruchtsüße HT
1 TL	Inulin 90 HT
2–3 TL	Weizenkeime
	evtl. getr. Aprikosen

Aprikosen kleinschneiden und alle Zutaten gut mit dem Joghurt verrühren. Statt der Weizenkeime können Sie auch andere frische Sprossen zugeben. Als Frusip's Variationen empfehlen wir Mandarine, Orange, Guanabana, Apfel oder Apfel-Cranberry.

Kirsch-Kleie-Joghurt

150 ml	Joghurt
½–1 TL	Frusip's Kirsche
1–2 Tabl.	Lightsüß HT
1 TL	Inulin 90 HT
1–2 TL	Haferkleie
evtl. 3–4 TL	Beeren

Alle Zutaten mit dem Joghurt verrühren.

Apfel-Zimt-Joghurt

150 ml	Joghurt
1 EL	Quark
1 TL	Frusip's Apfel
1–2 TL	Fruchtsüße HT
1 Prise	Zimt
2–3 TL	Leinsamen oder Nüsse

Alle Zutaten gut mit dem Joghurt verrühren.

Pflaumen-Joghurt

150 ml	Joghurt
1 Tabl.	Lightsüß HT
2 EL	Pflaumenballast HT
2–3 TL	Hafercrispies HT

Alle Zutaten mit dem Joghurt verrühren.

Spirulina-Orangen-Joghurt

150 ml	Joghurt
1 TL	Frusip's Orange
1 TL	Spirulina-Pulver
	Salz und Pfeffer
evtl. 1 TL	Inulin 90 HT

Alle Zutaten gut mit dem Joghurt verrühren. Dieser Joghurt bekommt durch das Spirulina-Pulver eine kräftig dunkelgrüne Farbe. Spirulina ist eine Süßwasser-Mikroalge, die sehr reich an Beta-

Carotin ist. Sie enthält kein Jod. Flamingos ernähren sich von Spirulina und bekommen durch das Beta-Carotin ihre leuchtend rote Farbe. Spirulina ist ein basisches Nahrungsmittel und wird auch zur Ernährung bei übermäßigem Candida-Befall im Darm empfohlen.

Johannisbeer-Dickmilch

250 ml	Dickmilch
1 ½ TL	Frusip's Johannisbeere
2 Tabl.	Lightsüß HT
1 TL	Inulin 90 HT
2 EL	Multipekt Plus

Alle Zutaten gut mit der Dickmilch verrühren.

Früchtequark

100 g	Quark (20 % Fett i. d. Tr.)
½ TL	Frusip's Zitrone/Limette
1–2 TL	Fruchtsüße HT
2 EL	Mandelblättchen
1	frische Mandarine
evtl. 1 TL	Inulin 90 HT

Die Mandeln kurz in der Pfanne rösten. Die übrigen Zutaten miteinander verrühren, die Mandarine in ganzen Scheibchen zugeben.

Sahnequark

75 g	Quark (20 % Fett i. d. Tr.)
25 ml	Sahne
1 TL	Frusip's Maracuja, Apfel-Cranberry, Erdbeere oder Pink Grapefruit
1 Tabl.	Lightsüß HT

Die Zutaten miteinander vermischen. Nach Geschmack können Sie anstelle von Sahne auch Schmand oder Crème fraîche verwenden.

Müsli – die volle Kraft des Korns

Das Frühstücksmüsli – einst ein Markenzeichen der alternativen Szene – hat sich mittlerweile in allen Schichten unserer Gesellschaft etabliert. Das ist auch gut so, denn durch den hohen Anteil an Ballaststoffen, Vitaminen, Mineralstoffen, pflanzlichen Proteinen und etlichen anderen für den Körper wertvollen Stoffen bildet es den Grundstock unserer Ernährung. Der regelmäßige Verzehr von Müsli trägt somit nicht unerheblich zur Krebsvorsorge sowie der Vorbeugung vor Herzkrankheiten und anderen Beschwerden bei. Auf klassische Weise genießt man sein Müsli mit Milch, aber am allerbesten schmeckt es unserer Meinung nach mit selbstgemachtem Joghurt. Natürlich geht es auch mit Buttermilch, Kefir oder Dickmilch. In jedes Müsli können Sie noch zusätzliche Ballaststoffe geben, zum Beispiel Ballastsüße HT, Inulin 90/100 HT, Apfelfaser HT, Weizenfaser HT oder Multipekt Plus Lecithin (siehe *Seite 17 bis 21*).
Die angegebenen Mengen ergeben jeweils eine Portion.

Knackiges Trauben-Müsli

100 ml	Joghurt oder Sahnejoghurt
2 TL	Frusip's Rote Traube
1 TL	Ballastsüße HT
1 EL	Vollkorn-Weizenflocken
1 EL	Vollkorn-Roggenflocken
1 TL	Leinsamen
1 TL	Sesamsamen, geröstet
1 EL	Hafercrispies HT
1 EL	Kürbiskerne und Nüsse

Zunächst den Joghurt mit der Ballastsüße HT und Frusip's verrühren. Dann Weizen- und Roggenflocken, Lein- und Sesamsamen unterrühren und kurz ziehen lassen. Zuletzt Kürbiskerne, Nüsse und Hafercrispies zugeben. Trinken Sie reichlich zu diesem Müsli, damit der Leinsamen richtig quellen kann. Verzehrt man Leinsamen ohne ausreichende Flüssigkeit, so quillt er erst im Darm und verstopft ihn.
Dieses Rezept ergibt ca. 160 Gramm Müsli mit einem Ballaststoffgehalt von mehr als sieben Gramm.

Tropical Morning

100 ml	Milch oder Joghurt
2 TL	Frusip's Maracuja
1 TL	Ballastsüße HT
2 EL	Vollkorn-Weizenflocken
3 EL	Cornflakes
1 TL	Sesamsamen, geröstet
1 TL	Kokosraspeln
1 EL	Hafercrispies HT
1 EL	getrocknete Mangostückchen
1	Mandarine o. Kiwi

Abb. 5: Trauben-Müsli und Tropical Morning: Zwei Müslivarianten, mit denen der Tag besonders gut beginnt.

Mandarine oder Kiwi kleinschneiden. Alle Zutaten miteinander verrühren. Getrocknete Mango enthält viel Beta-Carotin. Dieses Rezept ergibt ca. 190 Gramm Müsli mit einem Ballaststoffgehalt von etwa neun Gramm.

Aronia-Müsli

100 ml	Joghurt oder Dickmilch
2 TL	Frusip's Aronia
2 EL	Vollkorn-Roggenflocken
1 TL	Ballastsüße HT
1 TL	Leinsamen
1 TL	Sesamsamen, geröstet
1 EL	Hafercrispies HT
1/4	Apfel
1 TL	getrocknete Birnen

Die Früchte kleinschneiden und alles miteinander vermischen. Dies ergibt etwa 180 Gramm Müsli mit einem Ballaststoffgehalt von ca. 8,5 Gramm.

Müsli mit Flakes

100 ml	flüssiger Joghurt oder Buttermilch
2 TL	Frusip's Vanille
1 TL	Apfelfaser HT
1 TL	Ballastsüße HT
2 EL	Cornflakes
1 EL	Hafercrispies
1 TL	gehackte Mandeln
2 EL	Himbeeren

Hafercrispies und Cornflakes zum Schluß in die Mischung geben, damit sie knackig bleiben. Wenn Sie herkömmliche Cornflakes aus Maismehl verwenden, haben diese lediglich einen

Ballaststoffgehalt von ca. vier Prozent. Hafercrispies weisen dagegen 30 Prozent auf. Die Himbeeren vorher kurz auftauen, sie enthalten viele Vitamine und Ballaststoffe. Sie können natürlich statt dessen auch Apfel-, Bananen- und Kiwischeibchen oder Orangenstückchen zugeben. Orientieren Sie sich bei den Früchten nach der Jahreszeit. Dieses Rezept ergibt etwa 170 Gramm Müsli mit einem Ballaststoffgehalt von ungefähr neun Gramm.

Apfel-Cranberry-Müsli

100 ml	Milch oder flüssiger Joghurt
2 TL	Frusip's Apfel-Cranberry
1 EL	Vollkorn-Weizenflocken
2 EL	Roggenkörner, gekocht
1 TL	Sesamsamen
1 EL	Hafercrispies HT
1 TL	Ballastsüße HT
½	Apfel

Der Roggen wird am Abend vorher in kaltem Wasser eingeweicht und morgens mit frischem Wasser aufgekocht. Dann 20 bis 30 Minuten quellen lassen. Einen Vorrat davon können Sie im Kühlschrank ca. zwei Tage aufheben. Dieses Rezept ergibt etwa 230 Gramm Müsli mit einem Ballaststoffgehalt von ca. 9,5 Gramm.

Cappuccino & Cerealien

100 ml	frische Milch
1 TL	Frusip's Cappuccino
1 TL	Frusip's Vanille
1 TL	Ballastsüße HT
2 EL	Vollkorn-Weizenflocken
2 EL	Hafercrispies HT
2 EL	Cornflakes
1 TL	Haselnüsse
½	Banane

Die Haselnüsse schmecken am besten, wenn sie vorher geröstet werden. Man kann eine ganze Packung auf Vorrat rösten. Dazu gibt man sie auf einem Blech ca. zehn Minuten bei 180 °C in den Backofen, nicht länger, sonst verbrennen sie. Anstelle der frischen Banane können Sie auch Bananenchips in Ihr Müsli geben. Dieses Rezept ergibt etwa 220 Gramm und enthält fast zehn Gramm Ballaststoffe.

Quark-Müsli

125 g	Magerquark
2 EL	Milch
1 TL	Frusip's Zitrone/Limette
1 TL	Frusip's Vanille
1 TL	Ballastsüße HT
2 EL	Früchtemüsli
1 EL	Hafercrispies HT
1	kleine Banane

Den Quark mit Milch cremig rühren, Frusip's hinzufügen und mit Ballastsüße HT süßen. Müslimischung, Crispies und Bananenscheiben unterrühren. Dies ergibt etwa 280 Gramm Müsli mit einem Ballaststoffgehalt von ca. acht Gramm.

Die Krönung jeder Mahlzeit – das Dessert

Das Dessert stellt für viele den krönenden Abschluß einer Mahlzeit dar. Oft wird es allerdings mit schlechtem Gewissen gegessen: Zu viel Zucker, zu viel Fett, zu viele Kalorien ... Bei den folgenden Desserts können Sie in der Regel ohne schlechtes Gewissen richtig „zuschlagen". Sie enthalten Ballaststoffe, Früchte und wenig Kalorien. Eine Ausnahme ist das Schokoladenmousse. Die Mengenangaben gelten, soweit nicht anders angegeben, für vier Personen.

Abb. 1: Das Frucht-Mousse ist ein kalorienarmes, leichtes Dessert, das sich mit vielen Frusip's-Sorten variieren läßt.

Rote Grütze mit Konjacmehl

150 ml	Wasser oder Rotwein
2 EL	Frusip's Johannisbeere oder Kirsche
1 Meßl.	Konfilight flüssig HT oder 1 EL Fruchtsüße HT
1 geh. TL	Konjacmehl
250 g	frische oder tiefgekühlte Beerenmischung
50 g	Rosinen
1 Prise	Zimt

Das Wasser oder den Rotwein aufkochen. Beim Erwärmen das Konjacmehl einstreuen, damit es nicht klumpt. Etwa fünf bis zehn Minuten im heißen Wasser ziehen lassen, dann erst die restlichen Zutaten bis auf die Frusip's zufügen. Frusip's sollen möglichst wenig erwärmt werden, damit der frische Geschmack erhalten bleibt. Einmal aufkochen lassen und zum Abkühlen in eine Schüssel geben, dann erst den Frusip's unterrühren.
Während des Abkühlens dickt die Rote Grütze an. Das Konjacmehl gibt ihr die richtige Konsistenz. Für die Beerenmischung eignen sich am besten Johannisbeeren, Brombeeren und Erdbeeren. Auch Kirschen passen gut dazu. Servieren können Sie die Grütze mit Schlagsahne oder mit Vanille-Joghurt.

Leichtes Frucht-Mousse

5 EL	Wasser
2 geh. TL	Gelatine vom Schwein
400 ml	Milch
1 EL	Inulin 90 HT
2 EL	Frusip's Zitrone/Limette
4–5 Tabl.	Lightsüß HT
½ Meßl.	Konjac-Konzentrat HT

Gelatine in fünf Eßlöffel Wasser fünf Minuten quellen lassen, dann bei geringer Hitze schmelzen. Die Milch zu der Gelatine geben, gut mit einem Schneebesen verrühren. Inulin, Frusip's, Lightsüß HT und Konjac-Konzentrat einrühren, danach sofort mit dem Mixer aufschlagen.
Für fünf bis zehn Minuten kalt stellen, danach erneut mit dem Pürierstab aufschäumen und noch ca. eine Stunde kühlen.
Dies ist ein kalorienarmes, leichtes Dessert. Sie können nach Geschmack auch etwas Sahne zugeben. Servieren Sie frische Früchte dazu.
Variation: Dieses Frucht-Mousse läßt sich mit allen fruchtigen Frusip's-Sorten zubereiten.

Fruchtiges Schokoladenmousse

200 g	Weiße Schokolade
250 ml	Süße Sahne
3	Eiweiß
1 ½ TL	Frusip's Orange o. Himbeere
3	Eigelb
2 TL	Isomalt, Sorbit o. Zucker

Schlagen Sie zunächst die Sahne steif, dann aus dem Eiweiß einen steifen Schnee. Während des Schlagens lassen Sie einen Teelöffel Isomalt oder Sorbit in das Eiweiß rieseln, so wird der Eischnee besonders stabil. Die Schokolade in der Mikrowelle oder im Wasserbad schmelzen. Eigelb ebenfalls im Wasserbad mit dem Mixer zu einer dicken schaumigen Creme schlagen, dabei langsam einen Teelöffel Isomalt oder Sorbit zugeben. Das dauert eine gewisse Zeit, denn das Eigelb wird erst bei ca. 60 °C fest. Sie merken es, wenn die Creme etwas andickt.
Die Schüssel mit der Creme dann sofort aus dem Wasserbad nehmen und die flüssige Schokolade und anschließend den Frusip's unterrühren. Dann die Schlagsahne unterziehen und zum Schluß den Eischnee vorsichtig unterheben. Im Kühlschrank einige Stunden kaltstellen, damit die Schokolade wieder fest wird.
Achtung: Dieses Mousse ist eine echte Kalorienbombe!

Wackelpudding

Dieser Pudding wird von Kindern und Erwachsenen gleichermaßen geliebt. Normalerweise kocht man ihn aus Fertigpulver, das aber Farbstoffe und künstliche Aromen enthält. Deshalb eröffnet sich mit diesem Rezept eine ganz neue Dimension für alle seine Anhänger. Sie können jetzt über 20 verschiedene Fruchtsorten, nämlich fast genauso viele, wie es Frusip's gibt, von Wackelpudding genießen. Die Herstellung ist übrigens genauso einfach wie bei einer Fertigpackung.

Grundrezept Wackelpudding

500 ml	Wasser
3–4 TL (15–20 g)	Gelatine vom Schwein
2 ½ EL	Frusip's 1:40 oder
3–4 EL	Frusip's 1:20
5 Tabl.	Lightsüß HT oder
3 EL	Fruchtsüße HT
evtl. 1 EL	Oligofruct HT

Empfehlenswerte Frusip's-Sorten 1:40: Zitrone/Limette, Orange, Mandarine, Pink Grapefruit, Himbeere, Johannisbeere, Guarana oder Cola und Kindercola. Frusip's-Sorten 1:20: Apfel-Cranberry, Rote Traube, Aronia und Aprikose.

Das Wasser aufkochen und von der Platte ziehen, die Gelatine mit dem Schneebesen einrühren, bis sie sich gelöst hat. Für einen sturzfähigen Wackelpudding brauchen Sie 20 Gramm Gelatine. Dann geben Sie den Frusip's zu und zum Schluß Süßstoff oder Fruchtsüße HT. Sie können auch jedes andere Süßungsmittel verwenden. Mit Süßstoff erzielen Sie ein äußerst kalorienarmes Dessert, das auch für Diabetiker gut geeignet ist. Gießen Sie die Flüssigkeit in drei bis vier Portionsschälchen und lassen Sie sie abkühlen. Nach etwa vier bis fünf Stunden wird die Speise fest. Dazu paßt dann eine ebenfalls mit Süßstoff gesüßte Vanillesauce (siehe *Seite 60*). Für etwas mehr Ballaststoff können Sie einen Eßlöffel Oligofruct HT zugeben.
Ein besonderer Knüller ist der Wackelpudding aus Kindercola!

Johannisbeerpudding

500 ml	Milch
3 gestr. EL (30 g)	Speisestärke
½ TL	Gummar HT
1 EL	Inulin 90 HT oder Ballastsüße HT
3 TL	Frusip's Johannisbeere, Kirsche usw.
evtl. 4 Tabl.	Lightsüß HT
evtl. 200 g	frische Beeren

Speisestärke, Zucker oder Zuckeraustauschstoff und Inulin trocken miteinander vermischen, dann mit sechs Eßlöffeln kalter Milch anrühren. Die restliche Milch zum Kochen bringen und die Mischung mit dem Schneebesen unterrühren und einmal aufkochen lassen. Den Topf von der Platte ziehen und den Frusip's zugeben. Die Süßstofftabletten in einem Teelöffel kalter Milch auflösen und ebenfalls unterrühren. Wenn Sie möchten, können Sie noch ein Eigelb hinzufügen. Die Beeren auf vier Schälchen verteilen.

Den heißen Pudding darübergießen und mit Beeren und frischen Minzeblättchen dekorieren. Nach Geschmack können Sie auch bis zu 200 Gramm Schlagsahne unter den Pudding ziehen.
Variation: Bei diesem Rezept haben Sie wieder sehr viele Variationsmöglichkeiten mit unterschiedlichen Frusip's. Wichtig ist nur, daß sie nicht zu sauer sind, denn dann gerinnt die Milch.
Tip: Wenn Sie nicht auf Ihr gewohntes Puddingpulver aus der Tüte verzichten wollen, können Sie auch in einen solchen Pudding zusätzlich Inulin und Frusip's geben. Sie können auch dabei einen Teil des Zuckers durch Süßstoff oder Zuckeraustauschstoffe oder Fruchtsüße HT ersetzen.

Marzipanpudding mit Mohn

500 ml	Milch
3 gestr. EL (30 g)	Speisestärke
2 geh. TL	Sorbit, Isomalt oder Zucker
1 EL	Inulin 90 HT
2–3 EL	Fruchtsüße HT
2 ½ EL	Frusip's Marzipan
1–2 EL	Mohnsamen

Dieser Pudding enthält nicht nur Inulin als gesunden Ballaststoff, sondern zusätzlich noch Mohn.
Herstellung wie beim Johannisbeerpudding beschrieben. Natürlich können Sie auch 200 Milliliter Schlagsahne unterziehen oder den Pudding mit Sahne servieren. Einen Vanillepudding können Sie nach dem gleichen Rezept kochen. Der Pudding schmeckt auch mit Frusip's Mandarine sehr gut, davon brauchen Sie aber nur etwa drei Teelöffel.

Früchte mit Vanille-Quarkfüllung

250 g	Quark
1 TL	Milch
4–5 Tabl.	Lightsüß HT
1–2 EL	Frusip's Vanille o. Marzipan
1 TL	Konjac-Konzentrat HT
100 ml	Schlagsahne

Zunächst die Lightsüß-Tabletten in der Milch auflösen und mit dem Frusip's zum Quark geben. Das Konjac-Konzentrat gleichmäßig einstreuen und mit einem Schneebesen gut unterrühren. Dann die steif geschlagene Schlagsahne unterziehen. Die Masse etwa eine halbe Stunde in den Kühlschrank stellen, damit sie fest wird. Während dieser Zeit bereiten Sie die Früchte vor. Zum Füllen eignen sich: Kleine weiche Birnen, möglichst große Erdbeeren, große gelbe Pflaumen, Feigen, Kiwis und Honigmelonen. Alle Früchte sollten vorher gut gekühlt sein. Die Birnen werden halbiert und das Kerngehäuse herausgeschnit-

Abb. 2: Bei diesem Dessert ißt auch das Auge mit: Früchte mit Vanille-Quark-Creme.

ten, die Pflaumen werden halbiert und entsteint, Erdbeeren und Feigen werden von der Spitze nach unten etwa bis zur Hälfte drei- bis viermal eingeschnitten. Die Creme wird mit einer Spritztülle hineingegeben.
Die Kiwis werden halbiert und das härtere Mittelstück mit einem Löffel herausgeholt. Die Honigmelone wird in viele dünne Spalten geschnitten, die Kerne entfernt und das Fruchtfleisch mit einem scharfen Messer teilweise von der Schale abgeschnitten, teilweise aber noch daran gelassen, damit es sich erst beim Essen löst. In das Fruchtfleisch hinein läßt sich auch die Creme sehr schön garnieren. Bestreuen Sie die gefüllten Früchte zum Schluß mit geriebenen Nüssen, Pistazien oder Kokosraspeln. Sie können über die garnierten Früchte auch noch etwas Schokoladen-Kokosfettglasur gießen.

Kokosdessert

300 ml	Milch o. Kokosmilch
4 EL	Fruchtsüße HT, Honig o. Zucker
1TL (5 g)	Gelatine vom Schwein
3	Eigelbe
4–6 EL	Kokosrapeln
2 TL	Frusip's Zitrone/Limette, Orange o. Mandarine
evtl. 1 TL	Frusip's Vanille
1 TL	Oligofruct HT
3	Eiweiß

Kokosmilch können Sie in asiatischen Lebensmittelgeschäften kaufen. Sie können dieses Dessert aber auch mit normaler Kuhmilch zubereiten.
Die Milch mit der Fruchtsüße HT aufkochen. Den Topf von der Herdplatte ziehen und die Gelatine mit einem Schneebesen in die Milch rühren. Die Körnchen sollen sich gleichmäßig auflösen. Danach sofort unter ständigem Rühren die drei Eigelbe unterziehen. Sie verbinden sich mit der Milch und geben ihr eine gelbe Farbe. Ist die Mischung etwas abgekühlt, rühren Sie Kokosraspeln und Frusip's unter die Milchmischung und stellen diese für ein bis zwei Stunden in den Kühlschrank. Zwischendurch geben Sie einen Teelöffel Oligofruct HT zum Eiweiß und schlagen es zu steifem Schnee. Sobald

die Masse im Kühlschrank fest zu werden beginnt, rühren Sie zunächst ein Drittel des Eischnees unter. Dann erst den restlichen Eischnee, so wird das Dessert besonders luftig.
Erneut in den Kühlschrank stellen, bis das Dessert steif ist. Servieren Sie es entweder mit frischen Früchten oder mit einer Dessertsauce (siehe *Seite 60*).

Gefüllter Bratapfel mit Frusip's

1	großer Apfel
1 TL	Frusip's Apfel-Zimt
1 EL	Mandelstifte
1 EL	Rosinen
1 TL	Fruchtsüße HT
1 TL	Butter

Mandeln, Rosinen, Frusip's und Fruchtsüße HT vermischen. Einen säuerlichen Apfel waschen, das Kerngehäuse ausstechen und den Apfel mit der Mischung füllen. Obenauf Butterflöckchen setzen. Den gefüllten Apfel bei 180 °C im Backofen goldbraun backen.

Vollkorn-Milchreis

500 ml	Milch
125 g	Vollkorn-Rundkornreis
2 EL	Frusip's Kirsche, Orange, Mandarine, Zitrone/Limette oder 3 EL Frusip's Nougat o. Vanille
4–5 EL	Fruchtsüße HT oder
1TL	Konfilight flüssig HT
1 TL	Zimt
1 Prise	Salz

Reis, Salz und Milch zusammen aufkochen, dann den Reis bei niedriger Hitze 45 Minuten ausquellen lassen. Zum Schluß Fruchtsüße HT, Frusip's und Zimt unterrühren.

Reisauflauf

Für den Reis:

½ l	Milch
125 g	Vollkorn-Rundkornreis
1 Prise	Salz

Für die Schaummasse:

40 g	Butter
2 EL	Frusip's Orange o. Mandarine oder
3 EL	Frusip's Aprikose o. Maracuja
5 EL	Fruchtsüße HT
2	Eigelb
2	Eiweiß
1 TL	Oligofruct HT
20 g	geh. Walnüsse
100 g	getr. Aprikosen

Reis, Salz und Milch zusammen aufkochen, dann den Reis bei niedriger Hitze 45 Minuten ausquellen lassen. Abkühlen auf ca. 50 °C. Dann die Schaummasse aus Butter, Fruchtsüße HT, Frusip's und Eigelb herstellen. Den abgekühlten Reisbrei löffelweise unterrühren. Dann Früchte und Nüsse zugeben. Eiweiß zu steifem Schnee schlagen und währenddessen Oligofruct HT hineinrieseln lassen. Zum Schluß ein Drittel des Eischnees unter die Reismasse rühren, danach erst den restlichen Eischnee locker unterheben. Wenn der Reisbrei zu heiß mit der Schaummasse verrührt wird, fällt sie zusammen! Die gesamte Masse in eine gefettete Auflaufform geben. Weil der Auflauf im Backofen aufgeht, sollten Sie die Form nur zu drei Vierteln füllen. Auf der Oberfläche kleine Butterflöckchen verteilen. Bei 180 bis 200 °C ca. 45 Minuten backen.
Variationen sind möglich mit Kirschen und zwei Eßlöffeln Frusip's Kirsch oder

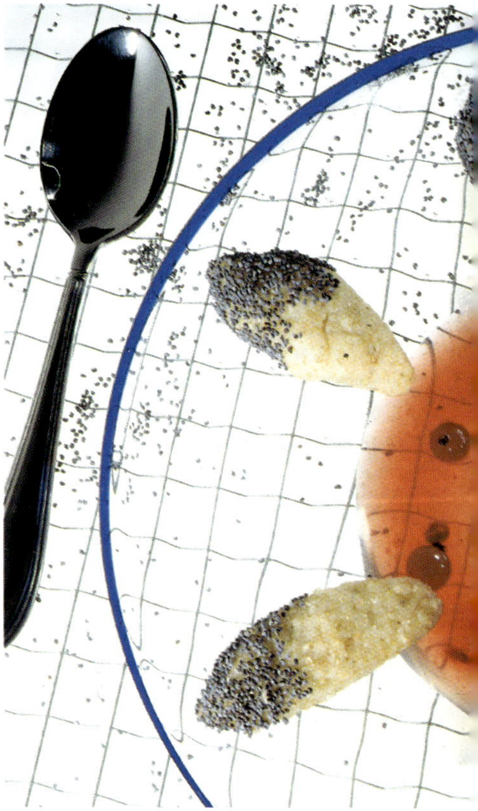

50 Gramm gehackten Nüssen und drei Eßlöffeln Frusip's Guanabana.

Beerenkaltschale

400 ml	Wasser
1 El	Rosinen
1 gestr. TL	Konjacmehl HT
2–3 TL	Frusip's Johannisbeere
4–5 Tabl.	Lightsüß HT
100 g	Beerenmischung

Das Wasser mit den Rosinen aufkochen, währenddessen das Konjacmehl langsam in die heiße Flüssigkeit streuen und mit dem Schneebesen unterrühren, damit es nicht klumpt. Dann den Topf von der Herdplatte ziehen und Frusip's und den Süßstoff unterrühren, der nicht mitgekocht werden darf, weil er sonst seine Süßkraft verliert. Wenn Sie einen Süßstoff bevorzugen, den Sie erhitzen können, verwenden Sie einen Meßlöffel Konfilight flüssig HT.
Die Beeren in tiefe Teller geben und die Kaltschale darübergießen. Dieses Dessert für heiße Tage wird kalt serviert. Sehr gut schmecken dazu unsere Grießklößchen (siehe *unten*).

Holunder-Kaltschale

400 ml	Wasser
	etwas Zimt
1	Nelke
1 gestr. TL	Konjacmehl
2–3 EL	Frusip's Aronia
evtl. 2 EL	Fruchtsüße HT oder
5 Tabl.	Lightsüß HT
100 g	Holunderbeeren

Reife Holunderbeeren sehen nicht nur malerisch aus, sondern sind auch noch ausgesprochen gesund und vor allem sehr reich an Vitamin C. Leider

Abb. 3: Grießklößchen lassen sich schnell und einfach zubereiten. Sie passen sehr gut zu unseren Kaltschalen.

schmecken sie deshalb auch etwas säuerlich. Die Komposition mit Frusip's Aronia, Fruchtsüße HT oder Lightsüß HT bekommt dem Holundergeschmack bestens.

Das Wasser mit den Gewürzen aufkochen, Konjacmehl in die heiße Flüssigkeit streuen und mit dem Schneebesen unterrühren, damit es nicht klumpt. Dann den Topf von der Herdplatte ziehen und Frusip's und Fruchtsüße HT oder den Süßstoff unterrühren, der nicht mitgekocht werden darf, weil er sonst seine Süßkraft verliert. Wenn Sie einen Süßstoff bevorzugen, den Sie erhitzen können, verwenden Sie einen Meßlöffel Konfilight flüssig HT. Die Gewürznelke wird nach dem Kochen herausgenommen. Geben Sie die gewaschenen Holunderbeeren in die heiße Kaltschale. Köstlich dazu als Einlage sind die folgenden Grießklößchen.

Vollkorn-Grießklößchen

150 ml	Wasser
1 EL	Butter
1 TL	Fruchtsüße HT o. Honig
1 Prise	Salz
4 EL	Vollkorngrieß

Butter und Wasser in einem kleinen Topf mit Salz und Fruchtsüße HT oder Honig aufkochen, dann den Grieß hineinstreuen und mit dem Schneebesen kräftig verrühren. Der Grieß formt sich dabei zu einem Kloß und ist nach ca. zwei Minuten bereits fertig.

Lassen Sie ihn abkühlen und stechen dann mit einem Löffel appetitliche Klöße ab. Die Klöße können Sie entweder kalt oder warm zur Kaltschale servieren.
Sie können die Grießklößchen aber auch kurz in heißer Butter anbraten und sie anschließend in Honig und Mohn wälzen. Dies ist ein altes Rezept aus der Küche der Römer.

Dessertsaucen

Diese Dessertsaucen passen auch hervorragend zu Eiscreme.

Orangensauce

180 ml	Wasser o. Weißwein
1 EL	Frusip's Orange
3–4 Tabl.	Lightsüß HT
1 gestr. TL	Bindix HT

Diese Sauce läßt sich blitzschnell kalt anrühren. Die Flüssigkeit mit Frusip's in eine Schüssel geben und nach Geschmack süßen, Sie können auch Zucker oder Fruchtsüße HT verwenden. Dann Bindix HT einstreuen und – damit es nicht klumpt – eventuell durch ein Teesieb geben. Mit dem Schneebesen schlagen, bis die Masse gleichmäßig verrührt ist und andickt. Stellen Sie die Sauce eine halbe Stunde in den Kühlschrank, sie dickt dann noch nach.
Diese Sauce kann auch mit vielen anderen Frusip's-Sorten (Himbeer, Cassis usw.) zubereitet werden und paßt zu vielen Desserts und Eisbechern. Wenn Sie Frusip's 1:20, z. B. Aprikose, Guanabana oder Maracuja, verwenden, brauchen Sie zwei Eßlöffel.

Vanillesauce

200 ml	Milch
1–2 EL	Frusip's Vanille
2–3 Tabl.	Lightsüß HT
1/4 Meßl.	Konjac-Konzentrat HT

Auch diese Sauce läßt sich ganz einfach kalt anrühren. Die Milch mit dem Frusip's in eine Schüssel geben und nach Geschmack süßen, Sie können auch Zucker oder Fruchtsüße HT verwenden. Dann das Konjac-Konzentrat einstreuen und mit dem Pürierstab gut verrühren. Sie können diese Sauce auch – wie die Orangensauce – mit Bindix herstellen. Stellen Sie auch diese Sauce eine halbe Stunde in den Kühlschrank, damit sie nachdickt.

Die beschriebene Vanillesauce läßt sich mit den entsprechenden Frusip's-Sorten beliebig als Schokoladen-, Marzipan-, Nougat- oder Cappuccinosauce variieren. In die Schokoladensauce sollten Sie noch einen Teelöffel Kakaopulver geben. Ein bis zwei Teelöffel Inulin 90 HT oder Oligofruct HT machen jede Sauce ballaststoffreicher und sahniger im Geschmack (siehe *Seite 20f.*). Ein Eßlöffel Rum oder Weinbrand verleiht Ihrer Sauce den besonderen Pfiff. Natürlich können sie auch auf die gleiche Weise eine Fruchtsauce herstellen: Mischen Sie dazu zunächst die Milch, den Süßstoff und das Konjac-Konzentrat HT gut, und geben Sie erst dann Frusip's hinzu, denn so gerinnt die Milch nicht. Für eine Fruchtsauce eignen sich besonders Frusip's Maracuja, Rote Traube und Aronia.

Eis – eine kühle Versuchung

Abb. 1: Sahne-Eis-Variationen können Sie mit Frusip's Vanille, Schokolade, Nougat oder Marzipan zubereiten.

Schon die alten Römer hatten eine Vorliebe für Speiseeis. Doch für die Römer war dies eine echte Luxusware. Sie mußten Eis aus den Alpen holen, Früchte und Beeren sammeln und alles zusammen mit Honig gesüßt stundenlang rühren. Heute ist die Eisherstellung zum Glück wesentlich einfacher. Dank Tiefkühlschrank, Eismaschine und Frusip's. Unser Eis ist, wie schon die Desserts, überwiegend gesund, kalorienarm und enthält zum Teil Inulin 90 HT als besonders gesunden Ballaststoff. Das Inulin verstärkt darüber hinaus den sahnigen, cremigen Geschmack ohne zusätzliche Kalorien.

Eisrezepte ohne Eismaschine

Für die folgenden Rezepte brauchen Sie keine Eismaschine, sondern lediglich ein Tiefkühlfach (***), einen Gefrierschrank oder eine Tiefkühltruhe.

Abb. 2: Den schönen und köstlichen Farbeffekt im Vanilleeis können Sie ganz einfach durch das abwechselnde Schichten von Eis und Kirschmarmelade in der Gefrierdose erzielen.

Vanilleeis mit Kirsch

250 ml	H-Vollmilch
40 g	Zucker
1 geh. EL	Inulin 90 HT
1 Meßl.	Konjac-Konzentrat HT
5 EL	Frusip's Vanille
50–60 ml	Schmand
3–4 EL	Kirschmarmelade

Herstellung wie beim Orangeneis beschrieben. Das Eis beim Einfüllen in die Gefrierdose abwechselnd mit der Kirschmarmelade schichten.

Cremiges Orangeneis

250 ml	H-Vollmilch
40 g	Zucker
2 geh. EL	Inulin 90 HT
1 Meßl.	Konjac-Konzentrat HT
3 EL	Frusip's Orange
50–60 ml	Schmand

Die trockenen Zutaten miteinander vermischen. Dann die Milch mit einem elektrischen Handrührgerät wie beim Sahneschlagen aufschäumen. Voraussetzung ist eine ungeöffnete Packung H-Vollmilch aus dem Kühlschrank. Diese Milch schäumt am besten, frische Milch schäumt nicht so stark. Wenn die H-Milch bereits einige Stunden geöffnet oder nicht ausreichend gekühlt ist, schäumt auch sie weniger.
Während des Schlagens die Zuckermischung einstreuen, wodurch der Milchschaum stabilisiert wird. Zum Schluß rühren Sie den Frusip's unter, dabei fällt der Schaum geringfügig zusammen.
Den Schmand mit einem Schneebesen glatt rühren und mit einem Löffel vorsichtig unter die Schaummasse ziehen. Füllen Sie die Masse in einen Gefrierbehälter mit einem Liter Volumen und lassen Sie sie im Tiefkühlfach mindestens zehn Stunden durchkühlen.
Die Eiscreme kann problemlos 14 Tage oder länger aufgehoben werden.

Sahne-Cappuccino-Eis

250 ml	H-Vollmilch
50 g	Zucker
1 geh. EL	Inulin 90 HT
1 Meßl.	Konjac-Konzentrat HT
3 EL	Frusip's Cappuccino
50–60 ml	Schmand

Herstellung wie oben beschrieben.

Garnieren Sie das Eis mit einem mit Kakao bestäubten Sahnehäubchen.

Mandarinen-Sahneeis mit Mohn

250 ml	H-Vollmilch
1 Meßl.	Alginat oder
½ Meßl.	Xanthan
70 g	Sorbit
3 EL	Frusip's Mandarine
2 TL	Mohn
50 ml	Süße Sahne

Dieses Eis ist eine Alternative zu unserem Cremigen Orangeneis. Wir haben hier einen anderen Stabilisator für den Milchschaum eingesetzt. Es ist der Gelbildner Alginat oder alternativ der Gelbildner Xanthan. Außerdem wird der Zuckeraustauschstoff Sorbit verwendet. Zunächst werden Alginat (oder Xanthan) und Sorbit trocken vermischt. Dann wird die Sahne geschlagen. Danach schlagen Sie die kalte Milch wie vorher beschrieben auf. Währenddessen streuen Sie die Sorbit-Alginat-Mischung hinein.
Die schaumige Milch wird durch die Gelbildner stabilisiert. Nun rühren Sie den Frusip's und den Mohn unter. Die Schlagsahne mit einem Löffel unterziehen und die Masse einfrieren.

Parfaits

Parfait bedeutet soviel wie „Halbgefrorenes". Parfaits enthalten traditionell viel Sahne, Eier und Zucker, sind also echte Kalorienbomben. Hierzu zunächst ein klassisches Rezept:

Nougat-Parfait

2	Eiweiß
8 EL (80 g)	Fruchtsüße HT oder Zucker
2	Eigelb
4 EL	Frusip's Nougat
250 ml	Süße Sahne

Schlagen Sie das Eiweiß mit einem elektrischen Handrührgerät zusammen mit der Fruchtsüße HT oder dem Zucker zu steifem Schnee. Eigelb und Frusip's vermischen und unter den Eischnee heben, dann die separat geschlagene Schlagsahne unterziehen.
Die Parfait-Masse in Gefrierdosen füllen oder in Formen, die sich später stürzen lassen. Im Drei-Sterne-Tiefkühlfach je nach Größe der Form ca. sechs bis 24 Stunden einfrieren. Das Parfait läßt sich im tiefgekühlten Zustand ein bis zwei Wochen aufheben.
Variation: Dieses Rezept können Sie genausogut mit Frusip's Vanille, Schokolade oder Marzipan realisieren.

Joghurt-Zitronen-Parfait

2	Eiweiß
5 EL	Fruchtsüße HT
6 Tabl.	Lightsüß HT
2 EL	Frusip's Zitrone/Limette
2	Eigelb
200 ml	Süße Sahne
100 ml	Joghurt

Eiweiß und Fruchtsüße HT zu steifem Schnee schlagen. Die Lightsüß-Tabletten in einem Teelöffel Wasser auflösen, mit Frusip's und Eigelb mischen und unter den Eischnee ziehen. Die Sahne schlagen, mit dem Joghurt vermischen und unter die restliche Masse heben. In einen passenden Behälter füllen und wie oben beschrieben einfrieren.
Schneiden Sie das gefrorene Parfait in Stücke und servieren Sie es mit gehackten Pistazien.
Variation: Zu diesem Parfait passen auch Frusip's Mandarine, Orange oder Cappuccino.

Rezepte mit Eismaschine

Wat es en Eismaschiin? Da stellen wir uns erstmal janz dumm. En Eismaschiin is ein Ding, in das die Zutaten flüssig rein – und gefroren wieder rauskommen.
So einfach wäre das, würde man dem berühmten Film „Die Feuerzangenbowle" folgen. In Wirklichkeit funktioniert eine Eismaschine jedoch etwas komplizierter.

Eismaschinen bestehen aus einem Behälter, dem Bottich, in dem die Eismasse gerührt, geschabt und gefroren wird, und aus einem elektrischen Rührwerk. An diesem Rührwerk ist ein Schaber angebracht, der während der gleichmäßigen Drehung die bereits angefrorene Masse fortwährend von der Kühlfläche abschabt und immer wieder mit der übrigen

Abb. 3: Eismaschinen: So werden Sie blitzschnell Ihr eigener „Eismann".

Masse vermischt. Hierdurch wird die Masse besonders homogen und durch das Schaben wird verhindert, daß sich große Kristalle bilden können, die später im fertigen Produkt als Eisklumpen den Geschmack und den Genuß beeinträchtigen würden. Außerdem gelangen durch das ständige Rühren Luftbläschen in die Masse, so daß sie besonders locker wird.
Die Kühlung kann auf zwei verschiedene Arten erfolgen. Einmal durch Behälter, die vorab eingefroren werden müssen, zum anderen durch Kühlaggregate, die die Kälte selbst erzeugen.

Eismaschinen ohne eigenes Kühlaggregat
Eismaschinen ohne Kühlaggregat besitzen entweder Kühlbehälter oder sogenannte Kühlscheiben. Diese müssen achtzehn bis vierundzwanzig Stunden vor der Eisherstellung eingefroren werden. Beide haben einen Hohlraum, der mit einer Kühlflüssigkeit, ähnlich wie die Kühlelemente für Kühltaschen, gefüllt ist.

Bei der Speiseeisherstellung geben diese ihre gespeicherte Kälte dann an die Eismasse ab, so daß diese gefrieren kann. Die Kühlscheiben, die den Boden der Eismaschine bilden, nehmen wesentlich weniger Platz im Tiefkühlschrank oder -fach in

Anspruch. Die Tiefkühlbehälter bieten dagegen eine etwas höhere Kältekapazität, da sie insgesamt über ein größeres Kältevolumen verfügen. Eismaschinen ohne ein eigenes Kühlaggregat sind ab ca. 100 DM im Handel erhältlich.

Eismaschinen mit eigenem Kühlaggregat

Diese Maschinen haben, genauso wie ein Kühl- oder Gefrierschrank, ein eigenes Kühlaggregat, das für die notwendige Kühlung des Bottichs sorgt. Eismaschinen mit einem eigenen Kühlaggregat benötigen in der Regel eine Vorkühlzeit von etwa einer Stunde. Dafür kann man dann aber auch größere Mengen Eis herstellen. Bisher waren diese Maschinen verhältnismäßig teuer. Sie kosteten 500 bis 700 DM. Demnächst soll jedoch eine Maschine in den Handel kommen, die unter 300 DM kostet. Für Familien und Eisfans ist eine Eismaschine eine sinnvolle Anschaffung. Die Speiseeisherstellung ist damit wirklich kinderleicht und auch mal schnell zwischendurch zu machen.

Zur Eisherstellung geben Sie die einzelnen Zutaten in eine Schüssel und verrühren sie gut. Da die Kältekapazität einer Eismaschine ohne eigenes Kühlaggregat begrenzt ist, empfiehlt es sich, die fertig angerührte Grundmasse im Kühlschrank vorzukühlen. Dann geben Sie diese Masse in die vorbereitete Eismaschine, setzen den Deckel mit dem integrierten Rührwerk auf und schalten die Maschine ein. Schon nach ca. 20 Minuten ist das selbstgemachte Speiseeis fertig. Am besten schmeckt es natürlich, wenn Sie es ganz frisch verzehren. Durch die Zugabe von Alginat oder Konjac-Konzentrat HT (siehe *Rezepte*) bleibt es aber auch tiefgekühlt über längere Zeit zart und cremig. Einige der von uns getesteten Maschinen hatten einen Schalter, mit dem man zwischen der Herstellung von konventionellem Speiseeis oder Softeis wählen konnte. Dies bedeutet in der Praxis, daß zur Softeisherstellung die Umdrehungszahl des Rührwerkes erhöht wird. Die Verwendung der Softeisoption ist jedoch nicht empfehlenswert, da die Konsistenz des Eises unbefriedigend war und mit Softeis nicht mehr gemeinsam hatte als die Sportschau mit der Hobbythek.

Unsere Eisrezepte für die Maschine sind für drei bis fünf Portionen bemessen. Frisch gerührte Eiscreme, die Sie nicht sofort verzehren, können Sie tiefgekühlt aufbewahren.

Milcheis

Kirscheis

150 ml	Joghurt
30 ml	Schmand
1 El	Frusip's Kirsche
40 EL	Fruchtsüße HT o. Zucker
1 TL	Inulin 90 HT
½ Meßl.	Konjac-Konzentrat HT
50 g	Kirschen

Inulin und Konjac-Konzentrat trocken miteinder vermischen. Joghurt, Schmand, Frusip's und Fruchtsüße HT mit dem elektrischen Handrührgerät verrühren, dabei die Inulin-Konjac-Mischung einrieseln lassen. Anschließend die Masse in die bereits gestartete Eismaschine füllen.

Ananas-Sahne-Eis

200 ml	Milch
50 ml	Süße Sahne
2–3 EL	Frusip's Ananas
3–4 Tabl.	Lightsüß HT
1 TL	Inulin 90 HT
½ Meßl.	Konjac-Konzentrat HT
50 g	Ananas

Die Ananasstücke sehr klein schneiden, Lightsüß in der Milch auflösen. Herstellung wie oben beschrieben.

Apfel-Zimt-Eiscreme

200 ml	Milch oder Buttermilch
50 ml	Süße Sahne
3 EL	Frusip's Apfel-Cranberry
4 Tabl.	Lightsüß HT
evtl. 1 TL	Inulin 90 HT
½ Meßl.	Konjac-Konzentrat HT
⅓ TL	Zimt
1 EL	Rosinen
3 EL	Rum

Die Rosinen einige Stunden in dem Rum ziehen lassen. Die Eismasse wie vorher beschrieben herstellen und zum Schluß die Rosinen zugeben.

Mohneis Zitrone/Limette

150 ml	Joghurt
30 ml	Schmand
1 EL	Frusip's Zitrone/Limette
4–5 EL	Fruchtsüße HT
1 TL	Inulin 90 HT
½ Meßl.	Konjac-Konzentrat HT
1 EL	Mohnsamen

Herstellung wie beim Kirscheis beschrieben. Mohn hat einen sehr hohen Ballaststoffgehalt von ca. 20 Prozent. So tun Sie zusätzlich zum guten Geschmack noch etwas für Ihre Gesundheit.

Orangen-Karotten-Eis

200 ml	Kefir oder Joghurt
70 ml	Süße Sahne
4 EL	Frusip's Orange-Karotte
3 Tabl.	Lightsüß HT
1 TL	Inulin 90 HT
½ Meßl.	Konjac-Konzentrat HT

Herstellung wie oben beschrieben.

Trauben-Walnußeis

200 ml	Milch
60 ml	Süße Sahne
2–3 EL	Frusip's Rote Traube
4 EL	Fruchtsüße HT
evtl. 1 TL	Inulin 90 HT
½ Meßl.	Konjac-Konzentrat HT
50 g	geh. Walnüsse

Milch, Sahne, Frusip's und Fruchtsüße HT mischen, eventuell Inulin zugeben. Das Konjac-Konzentrat einstreuen und alles mit dem Schneebesen oder Mixer verrühren. Die Walnüsse zufügen und die Masse in die bereits gestartete Eismaschine geben.

Sahne-Eis-Variationen

200 ml	Vollmilch
50 ml	Süße Sahne
2–3 EL	Frusip's Vanille, Schokolade, Nougat oder Marzipan
4 Tabl.	Lightsüß HT
1 TL	Inulin 90 HT
½ Meßl.	Konjac-Konzentrat HT

Milch, Sahne und Frusip's mischen, die Lightsüß-Tabletten darin auflösen. Das Inulin zugeben und Konjac-Konzentrat einstreuen, alles mit dem Mixer glattrühren. Die Eismaschine starten und befüllen. Als Variation können Sie auch

Abb. 4: Grapefruitsorbet mit Rum. Erfrischende Sorbets lassen sich mit Hilfe einer Eismaschine im Handumdrehen zubereiten.

Nüsse oder Schokoladenstückchen zugeben.
In jedes Milcheis oder Sorbet können Sie einen halben Teelöffel Gummar HT (siehe *Seite 21*) geben.

Sorbets

Adams Traum

150 ml	Wasser o. Weißwein
1 EL	Frusip's Apfel
5–6 EL	Fruchtsüße HT
½ Meßl.	Konjac-Konzentrat HT
1	kleiner Apfel

Wasser oder Wein, Frusip's und Fruchtsüße HT zusammengeben, das Konjac-Konzentrat einstreuen und mit dem Schneebesen unterrühren. Den kleingeschnittenen Apfel (mit Schale) zugeben und die Masse in die bereits gestartete Eismaschine füllen.
Anstelle von Konjac-Konzentrat HT können Sie für alle Sorbets auch Alginat oder Konjacmehl in der gleichen Dosierung verwenden.

Grapefruitsorbet mit Rum

150 ml	Wasser
40 ml	brauner Rum
2 EL	Frusip's Pink Grapefruit
4 Tabl.	Lightsüß HT
1 ½ Meßl.	Konjac-Konzentrat HT
1	rosa Grapefruit

Herstellung wie oben beschrieben. Die Grapefruit wird von der Haut befreit und in kleine Stücke geschnitten.

Erfrischendes Birnensorbet

150 ml	Wasser
1 EL	Frusip's Zitrone/Limette
5–6 EL	Fruchtsüße HT
½ Meßl.	Konjac-Konzentrat HT
½	Birne

Herstellung wie oben beschrieben.

Exotischer Sorbetschaum

150 ml	Wasser
2 EL	Frusip's Guanabana
2–3 Tabl.	Lightsüß HT
½ Meßl.	Konjac-Konzentrat HT
1	kleine Mango

Die Mango schälen, das Fruchtfleisch vom Kern entfernen und mit dem Mixstab pürieren. Lightsüß-Tabletten im Wasser auflösen und das Konjac-Konzentrat mit dem Schneebesen klumpenfrei einrühren. Frusip's Guanabana und die pürierte Mango einrühren. Die Eismaschine starten und befüllen.

Eis am Stiel

Zur Herstellung von Eis am Stiel empfehlen wir die Verwendung von sehr praktischen Kunststoff-Formen, mit denen die Eis-am-Stiel-Produktion zu Hause wirklich kinderleicht ist. Diese Formen können immer wieder verwendet werden. Die fertig angerührte Eismasse wird am besten zunächst im Kühlschrank vorgekühlt, dann gießen Sie sie in die Förmchen. Lassen Sie am oberen Rand etwa drei Millimeter Platz, um dann den Deckel, der gleichzeitig auch den Stiel bildet, aufsetzen zu können. Die Formen haben eine Bodenhalterung, so daß sie aufrecht stehend befüllt und eingefroren werden können. In etwa drei bis vier Stunden erstarrt der Inhalt im Tiefkühlfach zu einem leckeren Eis am Stiel. Vor dem Schlecken halten Sie die Förmchen kurz in kaltes Wasser und ziehen sie vom eigentlichen Eis. Der gefrorene Inhalt bleibt am Stiel.

Fruchteis am Stiel

220 ml	Wasser
2 EL	Frusip's Mandarine, Orange o. Kirsche
5 EL	Fruchtsüße HT
½ Meßl.	Alginat
¼ Meßl.	Pektin HVG

Verrühren Sie zunächst Alginat und Pektin mit der Fruchtsüße HT und geben Sie diese Mischung unter Rühren mit dem Schneebesen in das kochende Wasser. Zwei Minuten Kochzeit genügen, dann lassen Sie die Masse abkühlen, rühren den Frusip's unter, gießen diese Mischung in Eis-am Stiel-Formen und frieren sie ein.
Die so erhitzte Masse ist besonders keimarm und läßt sich im tiefgekühlten Zustand lange aufheben. Wenn Ihnen das Aufkochen zu umständlich ist, können Sie das Eis einfach kalt herstellen, das funktioniert auch. Dann können es

sogar Kinder ganz alleine verwirklichen. Ergibt ca. acht Stück.
Dieses Eis ist von der Konsistenz her ein bißchen weicher als die beiden nachfolgenden Rezepte.

Cola-Eis am Stiel

210 ml	Wasser
2 EL	Frusip's Kindercola oder Cola
5 EL	Fruchtsüße HT
1 geh. EL	Inulin 90 HT

Für dieses Wassereis ist kein Aufkochen notwendig. Rühren Sie einfach das Inulin mit dem elektrischen Handrührer in das Wasser, geben Sie Frusip's und Fruchtsüße HT dazu und gießen Sie die Masse in die Förmchen. Sollte Sie der durch das Aufschlagen entstehende Schaum stören, können Sie diesen mit einem Schaumlöffel vorher abnehmen. Ergibt ca. acht Stück. Siehe auch *Seite 20f.*

Fruchteis am Stiel mit Süßstoff

200 ml	Wasser
2 EL	Frusip's Zitrone/Limette, Orange, Kirsche o. Apfel
2–3 Tabl.	Lightsüß HT
1 geh. EL	Inulin 90 HT

Die Herstellung erfolgt genau wie beim Cola-Eis beschrieben, nur daß die Lightsüß-Tabletten in der kalten Lösung aufgelöst werden (die Menge richtet sich nach der Frusip's-Sorte).

Abb. 5: Ein Spaß für groß und klein – Fruchteis am Stiel. Hier können Sie Ihrer Phantasie bei der Auswahl der Frusip's-Sorten und der Förmchenformen freien Lauf lassen.

Tip: Natürlich können Sie bei diesen drei Wassereis-Rezepten die Frusip's-Sorten untereinander austauschen.

Milcheis am Stiel

250 ml	H-Vollmilch
3–4 EL	Frusip's Vanille, Nougat, Marzipan o. Schokolade
1 Meßl.	Konjac-Konzentrat HT
70 g	Sorbit
3–4 Tabl.	Lightsüß HT

Milch, Frusip's und Sorbit mit dem Schneebesen verrühren, Lightsüß-Tabletten darin auflösen. Das Konjac-Konzentrat langsam einrieseln lassen und gut unterrühren. Wichtig ist, daß Sie die Flüssigkeit nicht zu stark schlagen, da hier auftretende Luftblasen eher unerwünscht sind. Die Masse in die Förmchen einfüllen und einfrieren. Wenn Sie wollen, können Sie das Eis vor dem Verzehr noch mit einer Schokoladen-Kokosglasur überziehen.

Damit fängt der Tag gut an – Konfitüren und Gelees mit Frusip's®

Abb. 1: Das „Tüpfelchen auf dem i" für einen guten Start in den Morgen sind unsere selbstgemachten Marmeladen, zum Beispiel diese klassischen Konfitüren.

Der Kaffee dampft in der Kanne, das frisch gebackene Brot nach Hobbythekrezepten (siehe Hobbythekbuch „Darm & Po") verbreitet seinen Duft in der ganzen Wohnung, die Zeitung liegt auf dem Tisch. Alles, was jetzt noch fehlt, ist eine köstliche fruchtige Marmelade. Um Ihr morgendliches Glück zu vervollständigen, haben wir die folgenden Rezepte, die Sie mit Frusip's schnell und einfach herstellen können, kreiert. Na dann – einen guten Morgen!
Zur Herstellung von Konfitüren und Gelees braucht man zum einen Früchte und Süßungsmittel, zum anderen Pektin als Geliermittel. Pektine sind gelbildende Stoffe, die in der Natur hauptsächlich in Früchten vorkommen. Sie bestehen aus aneinandergereihten Kohlehydratmolekülen (Galakturonsäure).

Apfelpektin HVM (**H**och **V**erestert für **M**armelade) ist das normale Pektin, das nur geliert, wenn ausreichende Mengen an Zucker oder Zuckeraustauschstoffen vorhanden sind und der pH-Wert nicht höher als 3,5 liegt. Enthalten die Früchte zuwenig eigene Säure, muß Citronen- oder Äpfelsäure zugefügt werden. Wollen Sie eine Konfitüre mit reduziertem Zuckergehalt kochen, benötigen Sie Apfelpektin NVM (**N**ieder **V**erestert für **M**armeladen). Dieses Pektin kann ohne Zucker gelieren, braucht statt dessen aber Calcium. Deshalb muß auf fünf Teile Pektin NVM ein Teil Calciumcitrat gegeben werden. Der Säuregehalt spielt hier keine Rolle.

Klassische Konfitüre mit Frusip's

Grundrezept

500 g	Früchte (Mandarinen, Erdbeeren, Kirschen etc.)
500 g	Zucker, Fruchtsüße HT oder Zuckeraustauschstoffe
2–3 geh. TL	Apfelpektin HVM
3 Meßl.	kristalline Äpfelsäure
3–5 EL	Frusip's Mandarine, Erdbeere, Kirsche etc.

Die Früchte gründlich waschen und zerkleinern. Vier Eßlöffel der benötigten Menge Zucker, Fruchtsüße HT oder Zuckeraustauschstoffe (Sorbit oder Xylit) trocken mit dem Pektin vermischen. Diese Mischung unter die Früchte rühren und das Ganze im Topf kurz aufwallen lassen. Dann die Äpfelsäure mit dem restlichen Zucker vermischen und ebenfalls unterrühren. Je nachdem wie hart oder weich die Früchte sind beziehungsweise wie stark sie zerkleinert wurden, lassen Sie die Masse fünf bis zehn Minuten sprudelnd kochen (nicht länger!). Zum Schluß geben Sie den Frusip's hinzu und lassen es noch einmal kurz aufkochen. Wählen Sie einen großen Kochtopf, da die Masse sehr stark schäumt. Der Topf darf nicht abgedeckt werden. Da ein Teil des Wassers beim Kochen verdampft und die Früchte bereits etwas Zucker enthalten, ist der Zuckergehalt der fertigen Konfitüre etwas höher als 50 Prozent. Hierdurch wird die Haltbarkeit der Konfitüre verlängert.
Besonders wichtig für eine gute Haltbarkeit ist auch, daß die Masse gründlich aufkocht und kochend heiß in die Gläser abgefüllt wird. Für das Abfüllen gibt es spezielle Trichter mit großer Öffnung, so daß die Glasränder sauber bleiben.
Nach dem Abfüllen die Gläser sofort zuschrauben und für ein bis zwei Minuten auf den Kopf stellen. Dadurch werden im Deckel vorhandene Keime abgetötet.

Diese Methode der Haltbarmachung funktioniert nur mit sogenannten Twist-on-Twist-off-Schraubverschlüssen, die wirklich luftdicht abschließen. Diese Verschlüsse finden Sie zum Beispiel auf Gläsern von handelsüblichen Marmeladen oder Obstkonserven etc.
Sie können für dieses Rezept alle fruchtigen Frusip's verwenden.

Trauben-Konfitüre

450 g	kernlose helle Weintrauben
3 EL	Oligofruct HT
3 geh. TL	Apfelpektin HVM
3 Meßl.	kristalline Äpfelsäure
550 g	Fruchtsüße HT
3–4 EL	Frusip's Rote Traube

Diese Konfitüre enthält zusätzliche Ballaststoffe. Die Fruchtsüße HT besitzt nur ca. 70 Prozent Trockensubstanz, deshalb muß man etwas mehr davon verwenden. Die gewaschenen Weintrauben werden klein geschnitten und erhitzt. Vermischen Sie Oligofruct HT und Apfelpektin trocken miteinander und geben Sie es unter Rühren in die Fruchtmasse. Erst wenn sich das Pektin gelöst hat, die Äpfelsäure und Fruchtsüße HT zugeben. Ab diesem Punkt erfolgt die Herstellung wie im Grundrezept beschrieben.

Kiwi-Konfitüre mit Zuckeraustauschstoffen

500 g	Kiwi
250 g	Isomalt o. Xylit
250 g	Sorbit
3 geh. TL	Apfelpektin HVM
ca. 3 Meßl.	kristalline Äpfelsäure
2–3 Meßl.	Konfilight flüssig HT
3 EL	Frusip's Orange

Herstellung wie im Grundrezept beschrieben. Wichtig ist, daß Sie das Pektin zunächst mit vier Eßlöffeln Zuckeraustauschstoff trocken vermischen, damit es nicht klumpt. Die Zuckeraustauschstoffe Isomalt und Sorbit wirken zahnschonend, d. h. sie verursachen weniger Karies als Zucker. Außerdem haben sie weniger Kalorien, allerdings auch eine geringere Süßkraft als Zucker. Deshalb enthält dieses Rezept zum Ausgleich zusätzlich etwas Süßstoff. Wenn Sie weniger süße Konfitüren bevorzugen, können Sie den Süßstoff weglassen. Die Haltbarkeit der Konfitüre ist genauso gut wie die der klassischen Konfitüre. Die Zuckeraustauschstoffe werden in diesem Rezept in der gleichen Menge eingesetzt wie Zucker in der klassischen Konfitüre und haben deshalb auch den gleichen haltbarmachenden Effekt.

Konfitüre mit reduziertem Zuckergehalt

Bananen-Ananas-Konfitüre

ca. 1½	Bananen
500 ml	Apfelsaft
300 g	Sorbit o. Zucker
1 geh. Meßl.	(1–1,5 g) Calciumcitrat
2 geh. TL	Apfelpektin NVM
3–4 Meßl.	Konfilight flüssig
5 EL	Frusip's Ananas

Herstellung wie oben beschrieben. Vermischen Sie den Zucker oder Zuckeraustauschstoff, das Calciumcitrat und das Apfelpektin trocken, und geben Sie diese Mischung in die kochende Fruchtmasse. Dann den Süßstoff und zum Schluß den Frusip's zugeben. Wie beschrieben heiß abfüllen.

Apfel-Johannisbeer-Konfitüre

350 g	Äpfel
300 ml	Apfelsaft
3 EL	Oligofructose HT
1 geh. Meßl.	Calciumcitrat
2 geh. TL	Apfelpektin NVM
2 EL	Frusip's Cassis
3–4 Meßl.	Konfilight flüssig
300 g	Fruchtsüße HT

Äpfel nicht schälen. Herstellung wie vorher beschrieben. Diese Konfitüre hat im geöffneten Glas eine begrenzte Haltbarkeit von ca. zwei Wochen bei Aufbewahrung im Kühlschrank.

Abb. 2: Wer seinen Brotaufstrich nicht so süß mag, der liegt mit dieser Apfel-Johannisbeer-Konfitüre genau richtig.

Blutorangen-Konfitüre

350 g	Orangen o. Blutorangen
400 g	Orangensaft
4 EL	Frusip's Blutorange
250 g	Isomalt
1 geh. Meßl.	Calciumcitrat
2 geh. TL	Apfelpektin NVM
4–5	Meßl Konfilight flüssig

Orangen sorgfältig schälen. Herstellung wie vorher beschrieben. Diese Konfitüre hat im geöffneten Glas eine begrenzte Haltbarkeit von ca. zwei Wochen bei Aufbewahrung im Kühlschrank.

Gelee

Grundrezept für Gelee ohne Zucker

500 ml	Wasser
4–8 EL	Frusip's Kirsche, Himbeere, Cassis
1 gestr. TL	Calciumcitrat
1 EL	Apfelpektin NVM
4–5 Meßl.	(10–12,5 ml) Konfilight flüssig

Wasser und Calciumcitrat im Topf aufkochen, Apfelpektin klümpchenfrei in den Frusip's rühren und diese Mischung mit dem Schneebesen in das kochende Wasser rühren. Nochmals aufkochen lassen, den Topf von der Herdplatte ziehen und den Süßstoff unterrühren. Abfüllen des Gelees in Gläser wie bei der Konfitürenherstellung beschrieben. Weil das Gelee mit Süßstoff zubereitet wird, ist die Haltbarkeit eines geöffneten Glases bei Aufbewahrung im Kühlschrank auf ca. zehn bis 14 Tage begrenzt. Deshalb empfehlen wir, das Gelee in besonders kleine Gläschen mit ca. 100 bis 200 Gramm Inhalt abzufüllen. Das hat außerdem den Vorteil, daß das Gelee leichter gelieren, d.h. die notwendige Festigkeit erreichen kann, als in größeren Gläsern.

Pink Grapefruit-Orangen-Gelee

300 ml	Wasser
200 ml	Orangensaft
1 gestr. Meßl.	Calciumcitrat
1 EL	Apfelpektin NVM
3 EL	Oligofruct. HT
3–4 Meßl.	Konfilight flüssig
2½ EL	Frusip's Pink Grapefruit

Herstellung wie oben beschrieben. Vermischen Sie Calciumcitrat und Apfelpektin zunächst trocken mit Oligofruct HT und geben Sie diese Mischung dann zu.

Apfel-Cranberry-Gelee

500 ml	Apfelsaft
40 g	Oligofruct HT
2 geh. TL	Apfelpektin HVM
2 geh. Meßl.	kristalline Äpfelsäure
500 g	Fruchtsüße HT
3 EL	Frusip's Apfel-Cranberry

Herstellung wie oben beschrieben.

Abb. 3: Frumi ist eine Art Fruchtsauce, die – mit Milchprodukten verrührt – geliert. Frumi ist eine echte Spezialität der Hobbythek.

Frumi-Fruchtgenuß mit Milch

Calcium spielt im Stoffwechsel des Körpers eine entscheidende Rolle. Es ist besonders wichtig für den Knochenaufbau. Milch ist einer der wichtigsten Calciumlieferanten unserer täglichen Ernährung. So ist erwiesen, daß der tägliche Calciumbedarf des Körpers mit vier Glas Milch gedeckt werden kann. Da der Mensch, besonders im Alter, einem ständigen Knochenabbau unterliegt, sollte man möglichst viel Milch zu sich nehmen. Um dies abwechslungsreich zu gestalten, haben wir viele Rezepte mit Milchprodukten entwickelt, so auch das Frumi. Frumi ist eine Art Fruchtsauce, die, mit Milchprodukten verrührt, geliert. Frumi ist nicht im Handel erhältlich und somit eine echte Spezialität der Hobbythek.

Frumi besteht aus Früchten, Zucker, Zuckeraustauschstoffen oder Süßstoff, Wasser, Pektin und Natriumcitrat. Der wichtigste Bestandteil des Frumi ist das Pektin. Wir haben für die Herstellung von Frumi ein niederverestertes Pektin ausgesucht, das wir Pektin NVF (**N**ieder **V**erestert für **F**ruchtsauce) nennen. Hierbei nutzen wir die Tatsache, daß dieses Pektin das in allen Milchprodukten enthaltene Calcium benötigt, um zu gelieren. Um zu verhindern, daß es schon mit dem in den Früchten enthaltenen Calcium geliert, geben wir Natriumcitrat zu. Sobald das Frumi in Verbindung zu einem Milchprodukt tritt, reagiert es mit dem dort reichlich enthaltenen Calcium und dickt an. Doch bei Früchten mit hohem Calciumgehalt reagiert das Pektin bereits mit dem in den Früchten enthaltenen Calcium, und der Frumi dickt bereits vor der Zugabe von Milchprodukten an. Darauf muß man besonders bei der Verwendung von Frusip's achten, da diese aufgrund der starken Konzentration einen besonders hohen Calciumanteil haben. Bei den nachfolgenden Rezepten haben wir dies natürlich berücksichtigt. Wenn Sie aber die Rezepte mit anderen Frusip's-Sorten variieren wollen, sollten Sie die folgenden meiden, da diese einen zu hohen Calciumanteil haben: Schwarze Johannisbeere (53 mg/ml), Orange (42 mg/ml), Himbeere (40 mg/ml) und Mandarine (37 mg/ml). Das Rezept ist ganz einfach und leicht herzustellen. Sie können es wie einen Fruchtjoghurt essen oder Ihrem Müsli zugeben.

„Frumi" mit Fruchtsüße HT

400 ml	Wasser
400 g	Heidelbeeren
250 g	Fruchtsüße HT
3 geh. TL	(15 g) Pektin NVF
2 geh. Meßl.	(8 g) Natriumcitrat
2 EL	Oligofruct HT
2 EL	Frusip's Kirsche
3 EL	Frusip's Rote Traube

Das Wasser mit den Beeren und der Fruchtsüße HT erhitzen. Pektin, Natriumcitrat und Oligofruct HT werden trocken vermischt und unter Rühren mit einem Schneebesen langsam in die heiße Masse gegeben. Wenn Sie kein Oligofruct HT verwenden möchten, können Sie das Pektin auch in der Fruchtsüße HT anrühren, bevor es in die Fruchtmasse kommt. Das Frumi ca. drei bis fünf Minuten sprudelnd kochen lassen, zum Ende der Kochzeit Frusip's zugeben. Abfüllen, wie bei der Konfitüreherstellung beschrieben. Ein geöffnetes Frumi-Glas hat im Kühlschrank nur eine begrenzte Haltbarkeit und sollte innerhalb einiger Tage verbraucht werden.

„Frumi" mit Süßstoff

450 ml	Wasser
500 g	Ananas
2 EL	Konfilight flüssig HT
3 geh. TL	(15 g) Pektin NVF
2 geh. Meßl.	(8 g) Natriumcitrat
2 EL	Oligofruct HT
3 EL	Frusip's Ananas
3 EL	Frusip's Maracuja

Herstellung wie oben beschrieben.

Darf es auch herzhaft sein? – Delikates und Exotisches mit Frusip's®

Salate und Vorspeisen mit Frusip's

Jeder Mensch sollte täglich 200 bis 250 Gramm Salat oder Gemüse essen. Beide sind, ebenso wie Getreide, Fundamente unserer Ernährung. Sie enthalten sekundäre Pflanzenstoffe, Vitamine, Mineral- und Ballaststoffe, die wichtig für die Erhaltung vieler körpereigener Funktionen sind und sogar Krebserreger blockieren können.
In Verbindung mit Frusip's werden Salate und Gemüse zu wahren Delikatessen. So bleiben Sie mit vollem Genuß gesund.
Die Mengen sind, soweit nicht anders angegeben, für vier Personen bestimmt.

Abb. 1: Mit Frusip's werden Salate zu wahren Delikatessen – so wie dieser Geflügelsalat mit Maracuja. Frusip's geben der Sauce das besondere Aroma.

Geflügelsalat mit Maracuja

200 g	Chicorée
200 g	Feldsalat
200 g	Hähnchenbrust
1 EL	Frusip's Maracuja
1 EL	Sojasauce
1 Spritzer	Tabasco
1 EL	Sonnenblumenkerne
1	Orange
60 ml	Vinaigrette

Das rohe Hähnchenfleisch in ca. vier bis sechs Millimeter dünne Scheiben und mundgerechte Häppchen schneiden. In einer Marinade aus Frusip's, Sojasauce und Tabasco zehn Minuten ziehen lassen. Währenddessen Chicorée und Feldsalat waschen, die Orange schälen und spalten. Das Fleisch kurz anbraten, den Salat auf die Teller verteilen, die Vinaigrette darübergießen und das Fleisch dazugeben.
Besonders empfehlen wir die Vinaigrette von *Seite 89*, in diesem Falle allerdings ohne Frusip's Mandarine.

Radicchio-Feldsalat mit Fruchtsauce

1	kleiner Radicchio
100 g	Feldsalat
4	mittelgroße Champignons
1 EL	Frusip's Orange
6 EL	frische Kokosraspeln
1	kleine Zwiebel, gehackt
3 EL	Weinessig
2 EL	Distelöl
1 TL	Senf
1 Prise	Zucker, Salz, Pfeffer

Die Salate waschen, den Radicchio zerkleinern. Die Champignons in Scheiben schneiden. Eine Kokosnuß öffnen und das weiße Fleisch grob raspeln. Die Zwiebel klein hacken und mit den übrigen Zutaten zu einer Sauce verrühren. Diese erst kurz vor dem Servieren über den Salat geben.

Champignon-Apfel-Salat

200 g	Champignons
200 g	grüner Salat
100 g	Feldsalat
1	mittelgroßer Apfel
2	rote Zwiebeln
1 EL	Walnüsse
1 EL	Frusip's Orange
1 EL	Weinessig
3 EL	Distelöl
	Salz, Pfeffer, Senf
	Brunnenkresse

Alle frischen Zutaten waschen. Die Champignons in Scheiben schneiden. Den Apfel nicht schälen, sondern nur in feine Spalten schneiden, die Zwiebeln in Scheiben. Alles zusammen mit den Salaten in eine große Schüssel oder Schale geben, die Walnüsse darüberstreuen und mit der Vinaigrette aus Weinessig, Frusip's Orange, Distelöl und Gewürzen übergießen. Anstelle von Weinessig und Frusip's Orange können Sie auch Himbeeressig (siehe *Seite 87*) verwenden.
Zu diesem Salat können Sie zum Beispiel gebratene Hähnchenleber servieren.

Rote-Bete-Salat

1	dicke Knolle Rote Bete (ca. 200 g)
2	Mandarinen oder
1	Orange
1	kleine Zwiebel
1–2 TL	Frusip's Mandarine
2 EL	Balsamico-Essig
4 EL	Sonnenblumenöl
1 EL	geröstete Sonnenblumenkerne
	Salz, Pfeffer

Die Rote Bete sehr fein reiben. Mandarinen schälen und in Stücke teilen, diese halbieren, weiße Fäden entfernen. Die Zwiebel schälen und fein würfeln. Für die Sauce Essig in eine Schüssel geben und Salz, Pfeffer und Frusip's mit dem Schneebesen unterrühren, bis das Salz aufgelöst ist. Das Öl nun tropfenweise kräftig unterrühren, bis eine homogene Flüssigkeit entstanden ist. Alle Zutaten miteinander vermengen und Kräuter und Sonnenblumenkerne darüberstreuen.

Marinierte Schwarzwurzeln

700 g	Schwarzwurzeln
250 ml	Gemüsebrühe
3 EL	Frusip's Orange
1 TL	Frusip's Zitrone/Limette
4 EL	Olivenöl
2 TL	Currypulver
1	Bund Schnittlauch
	frisch gem. weißer Pfeffer
	Salzwasser zum Kochen

Abb. 2: Eine interessante Salat-Variante: Champignon-Apfel-Salat.

Schwarzwurzeln sorgfältig waschen, bis das Wasser weitgehend klar bleibt. In einem großen Topf reichlich Salzwasser zum Kochen bringen, Schwarzwurzeln hineingeben und einmal aufkochen. Sind die Schwarzwurzeln zu lang für den Topf, kann man sie halbieren. Dann zugedeckt bei schwacher Hitze bißfest garen. Das dauert je nach Dicke der Schwarzwurzeln zwischen fünf und zehn Minuten.

Abgießen, kalt abschrecken, schälen und nebeneinander in eine möglichst eckige Form mit niedrigem Rand, zum Beispiel eine flache Auflaufform, legen. 250 Milliliter kochendes Wasser mit einem Teelöffel Gemüsebrühe vermischen. Frusip's, Currypulver und Olivenöl zugeben. Gießen Sie diese Marinade über die Schwarzwurzeln und lassen Sie sie zugedeckt bei Zimmertemperatur mindestens drei Stunden ziehen. Den Schnittlauch waschen und in feine Röllchen schneiden. Zum Servieren die Schwarzwurzeln aus der Marinade nehmen, salzen, pfeffern und mit Schnittlauch bestreuen.
Dazu passen Pellkartoffeln.

Indischer Salat

4	Möhren
4	Selleriestangen
1	Radicchio
4	Radieschen
4	Scheiben Ananas
1 EL	Frusip's Zitrone/Limette
1 EL	Frusip's Mandarine
6 EL	Öl
2 EL	gehobelte Mandeln
3 EL	Rosinen
1 TL	Fruchtsüße HT
1	großzügige Prise Cumin (Kreuzkümmel)
1	großzügige Prise Kardamom
	Salz

Gemüse und Obst waschen, kleinschneiden und in einer großen Schüssel vermengen. Die Mandeln rösten und unter den Salat mischen. Aus den übrigen Zutaten eine Sauce zubereiten und zum Schluß darübergeben.

Schafskäse-Creme

250 g	Schafskäse
2–3 EL	Joghurt
1	Zwiebel
1	Knoblauchzehe
1–2 TL	Frusip's Zitrone/Limette, Orange o. Guanabana
½ TL	Inulin 90 HT
	frische Kräuter
	schwarzer Pfeffer

Das Inulin im Joghurt verrühren, den Schafskäse mit der Gabel zerdrücken und unterrühren, ebenso gehackte Zwiebel, Knoblauch und Kräuter. Dann Frusip's und Gewürze zugeben. Anstelle von Joghurt und Inulin können Sie auch saure Sahne zugeben. Die Schafskäse-Creme ist zum Überbacken (siehe *Rezept unten*) oder auch als Brotaufstrich geeeignet.

Möhren nach Art des Sultans

250 g	Möhren
2 EL	Sesamsamen
1 EL	Sonnenblumenkerne
1 EL	Rosinen
1	Zwiebel
1	Knoblauchzehe
1–2 TL	Frusip's Apfel-Cranberry
1 TL	Fruchtsüße HT oder Honig
	Fenchelsamen
	Salz, Pfeffer
	frische Petersilie, Thymian oder Rosmarin

Die Möhren waschen und in Stifte schneiden. Kurz im Öl anbraten. Die Kerne mit anrösten. Die Zwiebel kleinschneiden und zugeben, zum Schluß den Knoblauch in die Pfanne geben. Rosinen zugeben, würzen, Frusip's unterrühren. Alles zusammen in einer Schüssel gut durchziehen lassen, kalt servieren oder warm zu Reis.

Abb. 3: Die Schwarzwurzeln sollten bißfest gegart werden. Das dauert – je nach Dicke – unterschiedlich lang. Achten Sie deshalb beim Einkauf darauf, daß Sie Schwarzwurzeln gleicher Dicke kaufen.

Überbackener Sellerie

1	mittelgroße Sellerieknolle
3	Tomaten
250 g	Schafskäsecreme oder
250 g	Mozzarella
1 EL	Frusip's Ananas, Orange, Zitrone, Mandarine oder Apfel

Abb. 4: Geheimnisvoll und orientalisch wie der Name: Möhren nach Art des Sultans.

Die Sellerieknolle schälen und in etwa ein Zentimeter dicke Scheiben schneiden. In kochendes Wasser geben und fünf Minuten lang ziehen lassen. Die Selleriescheiben sollen bißfest und knackig bleiben. Die Scheiben im Sieb abtropfen lassen und dann mit etwas Frusip's beträufeln. Danach auf ein gefettetes Backblech legen, Tomatenscheiben darauf verteilen, mit Salz und Pfeffer würzen, Mozzarellascheiben oder Schafskäsecreme (siehe *Rezept Seite 77*) darauf verteilen und auf der mittleren Schiene im Backofen ca. 20 Minuten bei 180 °C backen.

Käsepastete
(10 Personen)

200 ml	Schmand
100 g	Cashewkerne oder ganze Haselnüsse
100 g	geriebener Emmentaler
250 g	alter Gouda
150 g	Vollkorn-Salzcracker
4	Eier
3 EL	Frusip's Rote Traube o. Kirsche
2 TL	Dijon-Senf
	frisch gemahlener Pfeffer
	frisch geriebene Muskatnuß
	etwas Butter

Die Nüsse in einer Pfanne ohne Fett rösten und abkühlen lassen, den Gouda klein würfeln. Die Cracker zerbröseln und 100 Gramm davon mit Frusip's tränken. Die Eier und den Schmand mit dem Mixer verrühren, mit Pfeffer, Muskatnuß und Senf abschmecken, zum Schluß die getränkten Cracker unterrühren. Den Backofen auf 200 °C vorheizen. Eine kleine Kastenform (750 Milliliter Inhalt) mit Butter einstreichen und mit den restlichen Crackerbröseln ausstreuen. Emmentaler und Gouda vermischen, in die Form geben, die Schmand-Eier-Mischung darüber gießen und die Nüsse darüberstreuen. In die Fettpfanne des Backofens eine Tasse kochendheißes Wasser einfüllen, die Kastenform einsetzen und die Masse in 60 Minuten stocken lassen. Danach abkühlen und aus der Form stürzen. Vor dem Servieren in Scheiben schneiden. Diese Käsepastete kann als Vorspeise, als Nachspeise oder als kleine Mahlzeit zu einem Glas Wein genossen werden.

Abb. 5: Diese Käsepastete kann als Vor- oder Nachspeise serviert oder als kleine Mahlzeit zu einem Glas Wein genossen werden.

Fruchtig & Exotisch

Mit Frusip's können Sie leicht delikate fruchtige und exotische Rezepte kochen. Hat Sie früher vielleicht die komplizierte und aufwendige Zubereitung der Früchte, zum Beispiel das Reinigen und Schaben einer ungespritzten Orangenschale (die man erst einmal bekommen muß!) von diesen Rezepten abgehalten, so geht dies jetzt alles im Handumdrehen. Natürlich mit Frusip's.

Grünkernbratlinge

(ca. 12 Stück)

500 ml	Gemüsebrühe
1	Lorbeerblatt
250 g	grob geschrotete Grünkerne
1 geh. TL	Konjacmehl
50 g	feine Vollkornhaferflocken
1 EL	Weizenfaser HT
1	geh. Zwiebel
1	geh. Knoblauchzehe
1 TL	mittelscharfer Senf
2 EL	Frusip's Guanabana
1 EL	Sherry
1 EL	Sojasauce
1	Ei
1 Prise	Salz und Pfeffer
	Majoran
	evtl. etwas Kardamon

Das Konjacmehl in die Gemüsebrühe einstreuen und mit dem Schneebesen unterrühren. Das Lorbeerblatt und den Grünkernschrot zugeben, einmal aufkochen und fünf bis zehn Minuten ziehen lassen. Das Lorbeerblatt herausnehmen und die gequollene Masse in

Abb. 6: Probieren Sie zu diesen Grünkernbratlingen einmal unser Chutney (Rezept Seite 81).

eine Schüssel geben. Haferflocken, Zwiebel und Knoblauch zugeben. Das Ei verquirlen, in einer Tasse mit den restlichen Gewürzen mischen und unterrühren. Frikadellen formen und in der Pfanne braten. Jede Frikadelle enthält 2,5 Gramm Ballaststoffe.
Variationen: Sie können statt des Eis auch einen Eßlöffel Weizenkleber HT zugeben.
Mischen Sie doch einmal zwei bis drei Eßlöffel geriebenen Parmesan unter, das rundet das Aroma vorzüglich ab.
Zu diesen Bratlingen passen Senf, Chutneys und verschiedene Saucen.

Exotische Hähnchenpfanne

1 Tasse	Hühnerbrühe
4	Hähnchenfilets
1 Bund	Frühlingszwiebeln
4	Möhren
1	rote Paprikaschote
1	gelbe Paprikaschote
1	kleine Zucchini
3 EL	Frusip's Ananas
2–3 EL	Sojasauce
2 EL	Mandeln
1 TL	Curry

Die Hähnchenfilets waschen, trockentupfen und in Streifen schneiden. Gemüse putzen und kleinschneiden. Das Hähnchenfleisch in heißem Öl von allen Seiten anbraten und aus der Pfanne nehmen. Dann zunächst Möhren in die Pfanne geben, kurz danach die Frühlingszwiebeln, dann das restliche Gemüse. Mit Currypulver würzen, das Fleisch wieder zugeben und mit der Hühnerbrühe ablöschen. Mit Sojasauce und Frusip's Ananas abschmecken und bei mittlerer Hitze kurz ziehen lassen, wobei das Gemüse aber noch knackig bleiben sollte. Die Mandeln vorher anbräunen und über das fertige Gericht streuen.

Seelachs in Grapefruitsauce

300 ml	Wasser oder Weißwein
400 g	Seelachsfilet
100 g	Krabben
2	Zwiebeln
2–3	Knoblauchzehen
1–2 EL	Frusip's Pink Grapefruit
1	Lorbeerblatt
1 TL	Speisestärke
½ TL	Senf
½ TL	Salz
	schwarzer Pfeffer

Zwiebeln und Knoblauchzehen hacken und mit den Gewürzen in Wasser oder Wein erhitzen. Das Fischfilet waschen und in den fast kochenden Sud legen. Bei kleiner Hitze im zugedeckten Topf ca. fünf bis zehn Minuten ziehen lassen. Dann die Fischstücke herausnehmen, in eine Schüssel legen und warm-

Abb. 7: Auch Fischgerichte lassen sich sehr gut mit Frusip's zubereiten, wie dieser Seelachs in Grapefruitsauce.

halten, Speisestärke mit zwei Eßlöffel kaltem Wasser anrühren und unter Rühren in den kochenden Sud geben. Von der Herdplatte ziehen, Frusip's unterrühren, dann die Krabben zugeben und alles zusammen über den Fisch geben. Mit Vollkornreis servieren. Dazu paßt ein grüner Salat.

Rosinenchutney

50 ml	Weißwein
100 g	Rosinen
50 g	getr. Aprikosen
1	kleine Zwiebel
1–2 TL	Frusip's Rote Traube, Mandarine o. Orange
1 TL	frischer Ingwer
2 EL	Essig
1 Msp.	Nelkenpulver, Zimt, Koriander
	Salz, Cayennepfeffer

Die Rosinen heiß waschen, die Aprikosen hacken, die Ingwerwurzel schälen und reiben. Alles zusammen mit dem Weißwein, Essig und den Gewürzen bei mittlerer Hitze ca. 30 Minuten köcheln lassen. Dann Frusip's zugeben, noch mal aufkochen und direkt in ein bis zwei kleine Marmeladengläser abfüllen.
Dieses Chutney paßt zu Fleisch, aber auch zu Gemüse und Reis. Es ist auch als Brotaufstrich geeignet.

Sushis

Wenn Sie gerne exotische Gerichte zubereiten und die japanische Küche lieben, sollten Sie das folgende Rezept einmal ausprobieren. Die Sushis sind kleine Häppchen aus Reis, die von Algen umhüllt sind und innen eine Füllung besitzen. In Japan verwendet man dazu manchmal Gemüse, überwiegend aber rohen Fisch. Letzteres ist in unseren Breiten nicht jedermanns Sache, deshalb hat die Hobbythek eine Variante ohne Fisch für Sie kreiert.
Zur Zubereitung wird normalerweise geschälter Reis verwendet, weil er besser zusammenklebt. Um viel gesünderen ungeschälten Vollkornreis einset-

zen zu können, empfehlen wir Ihnen einen kleinen Trick: Geben Sie zu dem ungeschälten Vollkornreis einfach etwas Konjacmehl oder Konjac-Konzentrat in das Kochwasser. Da das Konjacmehl stark quillt, braucht man hierfür allerdings viel mehr Wasser. Der fertige Reis wird dafür aber so richtig schön klebrig – so wie er für viele asiatische Gerichte sein muß. Auf diese Weise erhalten Sie auf schmackhafte Art einen höheren Ballaststoffgehalt.

Vegetarische Kokosnußsushis
(4–6 Personen)

Für den Reis:

6–7 Tassen	Wasser
1 ½ Tassen	Vollkorn-Langkornreis
½ Tasse	Kokosraspeln
2 Meßl.	Konjac-Konzentrat
2 EL	Essig
1 TL	Salz
1 Msp.	Zucker

Alles zusammen aufkochen lassen. Die Hitze abschalten und den Reis im zugedeckten Topf auf der noch heißen Platte ca. 25 Minuten quellen lassen.

Für die Würzpastenbasis:

4 EL	Kokosraspeln
½	Zwiebel
1	Knoblauchzehe
1 TL	Frusip's Zitrone/Limette
1 TL	Sojasauce
1 Prise	Zucker
	Pfeffer

Abb. 8: Genießen Sie unser Rosinenchutney zu Fleisch, Gemüse oder Reis – oder einfach als Brotaufstrich.

Rote Würzpaste
zusätzlich 1–2 TL Tomatenmark
evtl. Tabasco (Pfeffersauce)

Gelbe Würzpaste:

1–2 TL	Curry
½ TL	Frusip's Ananas
	evtl. frische Ingwerwurzel, gerieben

Sesamwürzpaste
2 TL Sesamsamen, geröstet und zerstoßen

Als Füllung:
Frische Salatgurke
Rote oder gelbe Paprika
Peperoni, mild eingelegt

Zum Rollen:
Nori-Algen, getrocknet

Für den Dip:

6 EL	Wasser
4 EL	Sojasauce
4 EL	Sake (Reiswein) o. Sherry
2 EL	frischer Rettich, gerieben
1 Msp.	Ingwerwurzel, gerieben
1 TL	Ballastsüße HT
evtl. 1 TL	Frusip's Ananas

Wenn Sie für den Dip weder weißen Rettich noch Ingwer zur Verfügung haben, können Sie auch eine Knoblauchzehe verwenden, dieses Rezept ist sehr variabel.

Das Besondere an den Sushis ist das Rollen. Dazu gibt es spezielle Sushi-Matten aus kleinen Holzstäbchen, die man in asiatischen Geschäften kaufen kann (siehe *Seite 84*). Statt dessen können Sie aber auch eine Stoffserviette oder ein sauberes Tuch verwenden. Auf die Matte oder das Tuch legt man zunächst ein rechteckiges Blatt getrockneter Nori-Algen. Die fertige Rolle wird so lang, wie das Blatt ist. Sie wird zum Schluß in sechs gleichgroße Stücke geschnitten. Der Durchmesser beträgt etwa drei Zentimeter. Geben Sie auf die längere Seite des Nori-Blattes etwa vier bis fünf Eßlöffel gekochten, abgekühlten Reis. Darauf kommen als Füllung etwa zwei Streifen dünn geschnittene Gurke, Paprika usw. und etwas Würzpaste nach Geschmack. Die Matte beziehungsweise das Tuch brauchen Sie nur als Hilfe für die erste Umdrehung der Rolle, es soll natürlich

Abb. 9: Da roher Fisch nicht jedermanns Sache ist, hat die Hobbythek diese leckeren vegetarischen Kokosnußsushis für Sie kreiert.

Abb. 10: Rollen Sie den Reis mit der Füllung kunstvoll in ein Blatt der Nori-Alge ein. Die fertige Rolle wird so lang wie das Algenblatt. Sie wird dann in mundgerechte Stücke geschnitten.

nicht mit eingerollt werden. Drücken Sie damit am Anfang den Reis so fest wie möglich zusammen, er soll nach der ersten Umdrehung vom Algenblatt eingehüllt sein, das restliche Blatt wird noch weiter herumgewickelt. Jede Rolle kann man mit unterschiedlichen Füllungen auch farblich anders gestalten. Die fertigen Rollen im Kühlschrank eine halbe Stunde stehen lassen, dann mit einem scharfen Messer in je sechs Stücke schneiden. Mit der Schnittfläche nach oben stellt man sie auf den Teller, pro Person etwa vier bis fünf Stück als Vorspeise oder entsprechend mehr als leichte Mahlzeit. Dazu bekommt jeder „Mitesser" ein Schälchen mit dem Sojasaucen-Dip, in den man jedes Sushi vor dem Verzehr kurz taucht.

Brotaufstriche

Mediterraner Brotaufstrich

2 EL	Rotwein
6 EL	Olivenöl
2 TL	Frusip's Rote Traube
100 g	Sonnenblumenkerne
140 g	schwarze Oliven
2 EL	Rosinen
1	Knoblauchzehe

Sonnenblumenkerne in einer Pfanne ohne Fett rösten, abkühlen lassen. Rosinen in Rotwein quellen lassen. Die Oliven entkernen. Die Sonnenblumenkerne sehr fein hacken. Das Olivenfleisch und die Rosinen mit dem Wein in ein hohes Mixgefäß geben, Olivenöl, Frusip's Rote Traube und zerdrückte Knoblauchzehe hinzufügen und alles mit einem Pürierstab gut durchmixen. Die gehackten Kerne untermengen. Wenn Ihnen die Masse zu grob ist, nochmals mit dem Pürierstab zerkleinern. Mit Salz und Pfeffer abschmecken.

Fischcreme

100 g	Forellenfilet, geräuchert
200 ml	Saure Sahne
2–3 TL	Frusip's Orange o. Mandarine
1 EL	Inulin 90 HT
1 Prise	Salz
	schwarzer Pfeffer
	frische Kräuter

Das Forellenfilet sehr fein hacken. Das Inulin in der sauren Sahne verrühren, dann alles miteinander vermischen und im Kühlschrank acht bis zehn Stunden ziehen lassen.
Dieser köstliche Brotaufstrich eignet sich auch gut zum Dekorieren von Canapeés.

Linsenpaste Kleopatra

200 g	rote Linsen, getrocknet
1 TL	Frusip's Zitrone/Limette
1	mittelgroße Zwiebel
1 TL	Olivenöl
1	Lorbeerblatt
1TL	Salz
	Nelkenpulver, Koriander
	Salz und Pfeffer
	frische Kräuter

Die Linsen ca. sechs Stunden in kaltem Wasser einweichen. Das Einweichwasser wegschütten und die Linsen in frischem Wasser bedeckt 15 Minuten lang kochen, bis sie gar sind. Dann in einem Sieb abtropfen lassen, sonst ist die Paste später zu wäßrig. Die Zwiebel kleinschneiden und im Olivenöl andünsten, die gehackten Kräuter dazugeben.
Zum Schluß alles zusammen mit den Gewürzen pürieren. Die roten Linsen verlieren beim Kochen leider ihre Farbe; wenn Sie möchten, können Sie zum Ausgleich einen Tropfen Carotinöl oder etwas Tomatenmark in die Paste geben. Sie können auch fertig gekochte Linsen aus der Dose verwenden, dann brauchen Sie ca. 400 Gramm.

Crème pois chiche

150 g	Kichererbsen
¼ l	Gemüsebrühe
1 ½ TL	Frusip's Zitrone/Limette
3	getr. Aprikosen
1	kleine Zwiebel
1	Knoblauchzehe
½ Bund	Petersilie
2 EL	Sesamsamen
1 EL	Olivenöl
1 TL	Currypulver
	Salz

Abb. 11: Dieser schmackhafte Brotaufstrich mit dem französischen Namen Crème pois chiche besteht aus pürierten Kichererbsen, Aprikosen, Zwiebeln, Knoblauchzehen und Sesamsamen. Abgerundet wird das Ganze mit Frusip´s Zitrone/Limette.

Die Kichererbsen in der Gemüsebrühe mit dem Currypulver sechs bis acht Stunden (am besten über Nacht) zugedeckt quellen lassen. Auf ein Sieb geben und abtropfen lassen, Einweichwasser wegschütten. Dann in einem Topf mit frischem Wasser aufkochen und zugedeckt bei schwacher Hitze in 1 bis 1 ½ Stunden sehr weich garen. Aprikosen, Zwiebel, Knoblauch und Petersilie fein hacken. Kichererbsen mit der eventuell verbliebenen Garflüssigkeit fein pürieren und etwas abkühlen lassen. Frusip's, Zwiebel, Knoblauch, Petersilie, Sesamkörner und Öl daruntermischen, mit Salz abschmecken.

Abb. 12: *Servieren Sie die fruchtige Orangenbutter zu süßem Brot, Vollkornbrot, Kartoffeln, Spargel und anderen Gemüsesorten. Sie schmeckt aber auch sehr gut zu Fisch und Fleisch.*

Cremiger Frischkäse light

100 ml	Wasser
2 EL	Inulin 90 HT
250 g	Frischkäse
2 EL	Frusip's Mandarine, Nougat, Vanille usw.
evtl. 1 Prise	Pfeffer

Inulin und Wasser mit einem Mixer kräftig verrühren, bis sich eine klare Lösung bildet. Stellen Sie diese für etwa zwei Stunden in den Kühlschrank, bis eine milchige Creme entstanden ist. Verrühren Sie den Frischkäse mit Frusip's und eventuell Pfeffer und ziehen Sie dann die Inulincreme unter. Das ergibt einen sehr angenehm cremigen Brotaufstrich, der nicht nur kalorienarm, sondern auch noch ballaststoffreich ist. Sie sollten ihn aber in mindestens sechs Portionen aufteilen, d.h. pro Person nicht mehr als ca. 60 Gramm auf einmal davon essen, sonst nehmen Sie zuviel Inulin auf (siehe *Seite 21*).

Orangenbutter

70 ml	Wasser
3 EL	Inulin 90 HT
1 TL	Frusip's Orange
300 g	Butter
1 EL	grüne Pfefferkörner

Wasser und Inulin mit dem Mixer verrühren, bis sich das Inulin völlig klar gelöst hat. Im Kühlschrank wird diese Mischung nach drei bis vier Stunden zu einer festen Creme. Diese Creme dann mit der Butter, die Raumtemperatur haben sollte, und Frusip's vermischen. Zum Schluß die Pfefferkörner unterkneten. Diese Butter schmeckt auch mit Frusip's Zitrone/Limette, Kräutern und Knoblauch. Sie hat 25 Prozent weniger Kalorien als normale Butter.

Fruchtiger Frischkäse

100 g	Frischkäse
1 TL	Frusip's Ananas, Mandarine o. Kirsche
1 TL	Inulin 90 HT
evtl. 1 Prise	schwarzer Pfeffer

Alle Zutaten mit einer Gabel vermengen. Sollte der Käse zu trocken wirken, geben Sie ein bis zwei Teelöffel Milch hinzu. Es entsteht ein Brotaufstrich, der sowohl zu Weizenbrot wie auch zu kräftigem Roggenbrot paßt.

Eine scharfe Sache – Senf und Essig mit Frusip's

Im Mittelalter war Senf eine der beliebtesten Delikatessen. Durch die „Fast-Food-Kultur" ist er zu einer ihm nicht würdigen Stellung gekommen. Sie werden überrascht sein, wie pikant und extravagant Senf schmecken kann.

Senf à la Froschkönig

6 EL	mittelscharfer Senf
2 TL	Frusip's Orange
1 Schälchen	Kresse

Senf und Frusip's gut miteinander verrühren, Kresseblättchen mit der Schere abschneiden und unterrühren. Sie können auch andere frische Kräuter verwenden. Dieser Senf ist maximal zwei bis drei Tage haltbar.

Senf Provencál

160 ml	Weißwein
6 EL	mittelscharfer Senf
2 TL	Frusip's Apfel
1	kleine Knoblauchzehe
1	kleine rote Zwiebel
½–1 TL	getrockneten Estragon

Knoblauch und Zwiebel sehr fein hacken, mit Estragon und Wein kurz aufkochen und bei geringer Hitze solange köcheln, bis die Flüssigkeit verdampft ist. Dann mit Senf und Frusip's Apfel gut verrühren. Diesen Senf können Sie ohne weiteres bis zu vier Wochen im Kühlschrank aufbewahren.

Senf Madagaskar

2 TL	Weißwein
6 EL	mittelscharfer Senf
2 TL	Schmand
2 TL	Frusip's Zitrone/Limette
2 TL	grüne Pfefferkörner

Die Pfefferkörner mit einer Gabel gut zerdrücken und mit Senf, Wein, Frusip's und Schmand verrühren.

Auch zur Verfeinerung von Essig eignen sich Frusip's sehr gut. Besonders geeignet erschien uns Frusip's Himbeere. Wir probierten es auch mit Johannisbeere, Kirsche und Roter Traube, aber die Ergebnisse waren nicht ganz so gut.

Himbeeressig

200 ml	Rotwein
2 EL	Essigessenz
1 TL	Frusip's Himbeere

Einfach alle Zutaten miteinander vermischen.

Maracujaessig

150 ml	Weißwein
5 EL	Sherry
2 EL	Essigessenz
2 TL	Frusip's Maracuja

Alle Zutaten miteinander vermischen. Füllen Sie Ihren Essig in eine schöne Flasche ab und verwenden Sie ihn zum Würzen diverser Salate, oder geben Sie ihn über Fleisch- oder Gemüse-Carpaccios.

Dips und Saucen

Apfel-Frusip's-Meerrettich

ca. 100 g	Meerrettich
5 EL	Süße Sahne
2 EL	Frusip's Apfel
1 TL	Frusip's Zitrone/Limette
	Salz, Pfeffer, Muskat

Den Meerrettich schälen und fein reiben. Das ist per Hand ein wenig mühsam, besser geht es mit einer Universalküchenmaschine. Die flüssige Sahne zu dem geriebenen Meerrettich geben und die Frusip's darunter mischen. Mit etwas Salz, wenig Pfeffer und Muskat abschmecken, in ein verschließbares Glas füllen und im Kühlschrank aufbewahren. Wenn Sie H-Sahne verwenden, ist der Meerrettich länger haltbar. Er paßt zu geräucherter Forelle, Wildfleisch und vielem mehr.

Guanabana-Mayonnaise

4 EL	Wasser
1 TL	Frusip's Guanabana
1 EL	Inulin 90 HT
150 g	Mayonnaise

Wenn Sie möchten, können Sie die Mayonnaise mit einem halben Teelöffel Senf, zum Beispiel Senf mit Frusip's (siehe *Seite 87*), einem Teelöffel Essig und einer halben fein gehackten Knoblauchzehe würzen.
Kaltes Wasser, Frusip's und Inulin mit dem Mixer verrühren, bis sich das Inulin völlig klar gelöst hat. Im Kühlschrank wird diese Mischung nach drei bis vier Stunden zu einer leicht festen Creme. Diese Creme mit der Mayonnaise vermischen.

Abb. 13: Im Mittelalter zählten Senf und Essig zu den beliebtesten Delikatessen, heute werden sie oft sehr lieblos eingesetzt. Probieren Sie doch einmal unseren Senf Provencál oder einen Himbeeressig.

Als Grundlage können Sie eine fertige oder – besser noch – eine selbstgemachte Mayonnaise verwenden. Die Mayonnaiseherstellung haben wir ausführlich in dem Hobbythekbuch „Allerlei Getreide" beschrieben.

Süß-Saure Sauce

1 El	Tomatenmark
1	Knoblauchzehe
½ TL	Frusip's Zitrone/Limette
4 TL	Frusip's Ananas
2 EL	Sojasauce
5 EL	Weinessig
1 EL	Pflanzenöl
5 TL	Fruchtsüße HT
	Salz, Pfeffer, evtl. Cayennepfeffer

Alle Zutaten miteinander verrühren und mit den Gewürzen abschmecken. Als Variation können Sie ein ca. zwei Zentimeter großes Ingwerstück kleinhacken und untermischen. Ebenso können Sie das Rezept mit Zwiebeln, Sherry oder Sake variieren. Anstatt der Fruchtsüße HT kann auch Lightsüß HT oder Konfilight zum Süßen verwendet werden.

Schmand-Joghurt-Sauce

200 ml	Schmand
150 ml	Joghurt
4 EL	Olivenöl
½ TL	Frusip's Zitrone/Limette
½ TL	Senf
1	gehackte Zwiebel
	Salz, schwarzer Pfeffer
	Basilikum

Alle Zutaten miteinander verrühren. Diese Sauce paßt zu vielen Salaten, aber auch zu Kartoffeln, Gemüse, Fisch und Fleisch.

Exotische Salatsauce für Blattsalat

50 g	Melone, Apfel, Birne, Mandarinen, Orangen, Mango, Ananas o. Grapefruit
2–3	Frühlingszwiebeln
2 TL	Frusip's Zitrone/Limette, Mandarine, Orange o. Grapefruit
2 TL	Fruchtsüße HT
2 TL	Sojasauce
2 EL	geröstete Sesamsamen oder Kokosraspeln
4 EL	Pflanzenöl

Die Frühlingszwiebeln in feine Ringe schneiden, die Früchte würfeln. Öl, Fruchtsüße HT, Sojasauce und Frusip's miteinander verrühren. Alle Zutaten miteinander vermischen und mit der Gabel schaumig schlagen. Die Sauce kurz vor dem Servieren über den Salat geben.

Mandarinen-Vinaigrette

2 EL	Wasser
1 TL	feiner Dijon-Senf
1 TL	Honig
2 EL	Olivenöl
1 TL	Frusip's Zitrone/Limette
1 TL	Frusip's Mandarine
	Salz
	schwarzer Pfeffer

Alle Zutaten gut miteinander vermischen.
Diese Vinaigrette paßt zu vielen Rohkost-Salaten und auch sehr gut zu dem auf *Seite 75* beschriebenen Geflügelsalat mit Maracuja. Allerdings sollten Sie dann den Frusip's Mandarine weglassen.

Register

Bezugsquellen für Hobbythekprodukte

* ACONA KOSMETIK, 38304 Wolfenbüttel/Groß Stöckheim, Juliusweg 1a, Tel. 05331-29385.
* ALC COSMETIC, 27804 Berne, Kranichstr. 2, Tel. 04406-6144.

ALTAMIRA, 82319 Starnberg, Söckinger Str. 7, Tel. 08151-28571.

BAUMGARTEN, 82377 Penzberg, Hochfeldstr. 56, Tel. 08856-1429.

BEATES NATURLADEN, 72116 Mössingen, Gustav-Schöller-Str. 7, Tel./Fax 07473-22269.

BELLA CURIOSA, 24937 Flensburg, Nordergraben 24, Tel. 0461-29826, Fax 0461-180817; 25899 Niebüll, Hooger Str. 22, Tel. 04661-3916.

* BELLA DONNA Kosmetik zum Selbermachen, 72764 Reutlingen, Museumsstr. 10, Tel. 07121-321416, Fax 07121-334054.
* BIOTHEK, 74348 Lauffen a. N., Brückenstr. 19, Tel. 07133-22544.

BRANDSMÜHLE, 47533 Kleve, Hagsche Str. 47, Tel./Fax 02821-21112.

* BRENNESSEL, 80799 München, Türkenstr. 60, Tel. 089-280303; 85354 Freising, Untere Hauptstr. 45, Tel. 08161-41999.

CALENDULA, 40217 Düsseldorf, Friedrich Str. 7, Tel. 0211-378655; 46539 Dinslaken, Sterkrader Str. 237, Tel. 02064-92739; 47441 Moers, Homberger Str. 39, Tel. 02841-29388; 47051 Duisburg, Tonhallenpassage, Tel. 0203-284543.

* Fa. C & M DIE ÖKOTHEK, 73430 Aalen, Spitalstr. 14, Tel./Fax 07361-680176; 89522 Heidenheim, Hintere Gasse 18, Tel. 07321-26808.

CARLOTTA NATURA, 73312 Geislingen, Mühlstr. 24, Tel. 07331-69518.

CLEOPATRA KOSMETIK, 82362 Weilheim, Kirchplatz 11, Tel. 0881-64961.

* COLETTE, 23552 Lübeck, Kapitelstr. 5, Tel. 0451-7070869.
* COLIMEX-ZENTRALE, 50996 Köln, Ringstr. 46, Tel. 0221-352072, Fax 0221-352071; Auslieferungsläden: 32312 Lübbecke, Lange Str. 1, in Stern-Apotheke, Tel. 05741-7707; 33102 Paderborn, Bahnhofstr. 18, in St.-Christophorus-Drogerie, Tel. 05251-10520; 41812 Erkelenz, P.-Rüttchen-Str., im KONTRA-Center, Tel. 02431-81071; 41849 Wassenberg, Brabanter-Str. 50, im KONTRA-Center, Tel. 02432-81011; 42105 Wuppertal, Rathaus-Galerie L119, Karlsplatz 3, Tel. 0202-443988; 42853 Remscheid, Im Alleecenter, Allee 74, Tel./Fax 02191-927963; 47798 Krefeld, Ostwall 146, Tel. 02151-615648; 48529 Nordhorn, Hauptstr. 47, Tel. 05921-721072; 50321 Brühl, Mühlenstr. 37; 50667 Köln, Brüderstr. 7, Tel. 0221-2580862; 50858 Köln-Weiden, Aachener Str. 1253, Rhein Center Köln-Weiden; 51465 Bergisch Gladbach, in der Kaufhalle, Richard-Zanders-Str./Refrather Weg, Tel. + Fax 02202-43103;. 52062 Aachen, Peterstr. 10, Tel. 0241-30327; 52428 Jülich, Am Markt 2, in Parfümerie am Markt, Tel. 02461-2580; 53111 Bonn, Brüdergasse 4, Tel./Fax 0228-659698; 53797 Lohmar, Broich-Weber, Breiterstegmühle 1, Tel. 02246-4245; 57462 Olpe, Bruchstr. 13, Tel. 02761-5190; 63739 Aschaffenburg, Steingasse 37, Tel. 06021-26464; 67482 Altdorf, Hauptstr. 78 Colimex/Naturkosmetik; 94032 Passau, Am Schanzl 10, Turm-Apotheke, Tel. 0851-33377.
* COSMEDA, 41460 Neuss, Neumarkt 4, Tel./Fax 02131-277212; 46535 Dinslaken, Altmarkt 17, Tel. 02064-15178; 40668 Meerbusch, Gonellastr. 13, Tel. 02150-6625; 47495 Rheinberg, Römer-Apotheke, Römerstr. 16, 02843-6116; 47198 Duisburg, Augusta-Apotheke, Augustastr. 31, Tel. 02066-55104; 41515 Grevenbroich, Montanus-Apotheke, Montanushof, Tel. 02181-68383, 47167 Duisburg-Neumühl, Alpha-Apotheke, Lehrerstr. 5, Tel. 0203-994850.
* COSMETIC-BAUKASTEN, 33615 Bielefeld, Arndtstr. 51, Tel. 0521-131008.
* COSMETIX, 48143 Münster, Salzstr. 46b, Tel. 0251-44662.

CREATIV KOSMETIK, 82008 Unterhaching, Bahnhofsweg 3, Tel. 089-6115916.

* DUFT & SCHÖENHEIT, 80331 München, Sendlinger Str. 46, Tel. 089-2608259.

DUFT & SCHOENHEIT, 83512 Wasserburg/Inn, Schmidzeile 12, Tel. 08071-90590.

DUFTKÄNNCHEN; 45657 Recklinghausen, Reitzensteinstr. 50, Tel. 02361-16216, Fax 02361-185050.

* HANNI'S BIOSHOP, 86456 Gablingen. Achsheimerstr. 10, Tel. 08230-9897.

HELGAS HOBBY SHOP, 63584 Gründau, Gartenstr. 19, Tel. 06058-2135.

* HEXENKÜCHE, 82152 Krailling, Luitpoldstr. 25, Tel. 089-8593135, Fax 089-8593136.
* HOBBY-KOSMETIK, 86153 Augsburg, Lechhauserstr. 3, Tel. 0821-155346; 97456 Dittelbrunn, Erlenstr. 25, Tel. 09721-44190; 84559 Kraiburg am Inn, Hochfellnstr. 2, Tel. 08638-7073; 70806 Kornwestheim, Stauffenbergstr. 26, Tel. 07154-3744; 84478 Waldkraiburg, Pürtenerstr. 34, Tel. 08638-7073.

HOBBY-KOSMETIK HAAG, 74821 Mosbach, Entengasse 4, Tel. 06261-14020.

* INATURA, 42551 Velbert, Friedrichstr. 303, Tel./Fax 02051-23355.

JAKOBUS Apotheke, 33397 Rietberg, Lippstädter Str. 17a, Tel. 02944-7554.

* JANSON GmbH, 76133 Karlsruhe, Kaiserpassage 16, Tel. 0721-26410, Fax 0721-27780.

JOJOBA, 35066 Frankenberg, Auf der Nemphe 2, Tel. 06451-4621.

* JOJOBA NATURPRODUKTE, 57076 Siegen-Weidenau, Bismarckstr. 5/Siegerlandzentrum, Tel. 0271-790201, Fax 0271-73866.

* KNACK-PUNKT, 73230 Kirchheim, Alleenstr. 87, Tel./Fax 07021-41726; 27472 Cuxhaven, Präsident-Herwig-Str. 40, Tel. 04721-62820.

* KOSMETIK-BAZARE: Interessengemeinschaft der Kosmetik-Bazare e.V. Dientzenhofer Str. 14, 63924 Kleinheubach, Tel. 09371-68861, Fax 09371-67567; 48431 Rheine, Matthiasstr. 5, Tel. 05971-15421, Fax 05971-2170; 53721 Siegburg, Holzgasse 47, Tel./Fax 02241-590942; 58511 Lüdenscheid, Ringmauerstr. 5, Tel. 02351-179399, Fax 02351-179390; 59555 Lippstadt, Blumenstr 1, Tel. 02941-78466, Fax 02947-5276; 63924 Kleinheubach, Dientzenhoferstr. 14, Tel. 09371-68861, Fax 09371-67567; 65183 Wiesbaden, Wagemannstr. 3, Tel. 0611-379370, Fax 06124-3329; 67655 Kaiserslautern, Grüner Graben 3, Tel. 0631-92527, Fax 0631-66930; 71638 Ludwigsburg, Leonbergerstr. 29, Tel./Fax 07141-927763; 73728 Esslingen, Kupfergasse 13, Tel./Fax 0711-355605; 75172 Pforzheim, Bahnhofstr. 9, Tel. 07231-33254, Fax 07452-67025; 97464 Oberwerrn, Bergstr. 7, Tel./Fax 09726-3319.

KOSMETIK KREATIV UND AROMAZENTRUM, 36304 Alsfeld, Schwabenröderstr. 61, Tel. 06631-6225; KOSMETIK KREATIV DEPOT, 36043 Fulda, Künzellerstr. 89, Tel. 0661-76924; 60320 Frankfurt, Friseniusstr. 15, Tel. 069-565975.

KOSMETIK-SHOP LAVENDULA, 49090 Osnabrück, Natruper Str. 128, Tel./Fax 0541-683472.

KOSMETIK ZUM SELBERMACHEN, 85049 Ingolstadt, Sauerstr. 9, Tel. 0841-33711.

KOSMETIK ZUM SELBERMACHEN, 93133 Burglengenfeld, R.-Schumann-Str. 10, Tel./Fax 09471-6835.

KOSNA VERA, 59174 Kamen, Märkische Str. 28, Tel. 02307-4772; 59423 Unna, Markt 16, Tel. 02303-21337.

* KRÄUTER FISCHER, 33378 Rheda-Wiedenbrück, Markt 3, Tel. 05242-55958.

* KREATIV, 55595 Hargesheim, Schulstr. 3, Tel. 0671-32333.

KREUZHERRN APOTHEKE, 87700 Memmingen, Kalchstr. 12, Tel. 08331-4667, Fax 08331-80044.

MARGOTS BIOECKE, 51143 Köln-Porz, Josefstr./Ladenzeile Busbahnhof, Tel. 02203-55242, Fax 02203-57307.

MCQUEENS NATURSHOP, 22880 Wedel, EKZ Rosengarten 6b, Tel. 04103-14950.

NATUR PUR, 06108 Halle, Schülershof 1, Tel. 0345-2032285.

NATUR & PFLEGE, 91522 Ansbach, Kronenstr. 2, Tel. 0981-15266.

NATUR-ECKE, 46509 Xanten, Poststr. 24, Tel. 02801-5658-4847.

NATUR UND HOBBYLADEN, 91710 Gunzenhausen, Strittstr. 4, Tel. 09831-8574.

NATURSHOP, 41515 Grevenbroich, Bergheimer Str. 3, Te. 02181-161808.

NATURTÖPFLA, 95194 Regnitzlosau, Trogenau 25, Tel. 09294-1713.

* NATURWARENLADEN Löschner, 97447 Gerolzhofen, Weiße-Turm-Str. 1, Tel. 09382-4115, Fax 09382-5692.

* OMIKRON, 71032 Böblingen. Brunnenstr. 33, Tel. 07031-289082; 74382 Neckarwestheim, Ländelstr. 32, Tel. 07133-17081; 73635 Rudersberg-Schlechtbach, Bahnhofsplatz 41, Tel. 07183-8565.

PAPILLON – Die andere Pflege, 71063 Sindelfingen, Lützelwiesenstr. 17, Tel. 07031-800774.

PHARMALINE WEISHAUPT, 84524 Neuötting, Am Bürgerwald 93.

* PLATH PARFUMS, 24103 Kiel, Eggerstedtstr. 1, Tel. 0431-92923, Fax 0431-93401.

* POTPOURRI NATURE SHOP, 71263 Weil der Stadt, Katharinenstr. 4, Tel. 07033-533992, Fax 07033-533991.

PUDERDOSE, 67549 Worms, Zornstr. 2, Tel. 06241-594044, Fax 06241-595122.

* PURA NATURA, 90402 Nürnberg, Johannesgasse 55, Tel. 0911-209522.

* SPINNRAD GMBH/ZENTRALE, 45886 Gelsenkirchen, Am Luftschacht 3a, Tel. 0209-17000-0, Tx. 824726 natur d, Fax. 0209-17000-40; Auslieferungsläden: 01219 Dresden-Nickern, Kaufpark, Dohnaer Str 246, Tel. 0351-2882089; 04329 Leipzig, Paunsdorf-Center, Paunsdorfer Allee 1, Tel. 0341-2518906; 06254 Günthersdorf, Saale Park, Tel. 03463-820803; 07743 Jena, Goethe Galerie/Goethestr., neben HV Jena Optik, Tel. 03641-890906; 09125 Chemnitz, Alt-Chemnitz Center, Annaberger-Str. 315, Tel. 0371-514226; 10247 Berlin, Frankfurter Allee 53, Tel. 030-4276161; 10719 Berlin-Wilmersdorf, Uhlandstr. 43-44, Tel. 030-8814848; 10789 Berlin, Europacenter/Breitscheidplatz, Tel. 030-2616106; 12163 Berlin-Steglitz, Forum Steglitz, Schloßstr. 1, Tel. 030-7911080; 12351 Berlin-Gropiusstadt, EKZ Gropius-Passagen, Johannisthaler Chaussee 295-327, Tel. 030-6030462; 12619 Berlin-Hellersdorf, Spree-Center, Hellersdorferstr. 79-81, Tel. 030-5612081; 15745 Wildau, A10-Center, Chaussee Str. 1, Tel. 03375-504696; 18055 Rostock, EKZ Rostocker Hof/Kröpeliner Str., Tel. 0381-4923281; 20146 Hamburg, Grindelallee 42, Tel. 040-4106096; 21335 Lüneburg, Grapengießer Str. 25, Fußgängerzone, Tel. 04131-406427; 21614 Buxtehude, Brücken-Apotheke, Zwischen den Brücken 7, Tel. 04161-52233; 22143 Hamburg-Rahlstedt, Rahlstedt-Center, Schweriner-Str. 8-12, Tel. 040-6779044; 22765 Hamburg-Ottensen, Mercador-Center, Ottenser Hauptstr. 8, Tel. 040-392310; 23552 Lübeck, Mühlenstr. 11, Tel. 0451-7063307; 24103 Kiel, Holstenstr. 34, Holstenbrücke, Ahlmann-Haus, Tel. 0431-978728; 24534 Neumünster, Marktpassage EKZ, Großflecken 51-53, Tel. 04321-41633; 24937 Flensburg, Große Str. 3, Tel. 0461-13761; 25524 Itzehoe, Holstein-Center, EKZ, Feldschmiedekamp 6, Tel. 04821-65106; 26122 Oldenburg, Gaststr. 26, Fußgängerzone, Tel. 0441-25493; 26506 Norden, Neuer Weg 38, Fußgängerzone, Tel. 04931-992859; 27568 Bremerhaven, Bürgermeister-Smidt-Str. 53, Fußgängerzone, Tel. 0471-44203; 27749 Delmenhorst, City Point/Karstadt, Lange Str. 96, Tel. 04221-129331; 28195 Bremen, Bremer Carré, Obernstr. 67, Tel. 0421-1691932; 28203 Bremen, Ostertorsteinweg 90, vor dem Steintor, Tel. 0421-74318; 30159 Hannover, Ge-

orgstr. 7, Fußgängerzone, Tel. 0511-7000815; 30823 Garbsen, Nord-West-EKZ, Realkauf, Tel. 05131-95769; 30823 Garbsen, „Shopping Plaza" EKZ Garbsen, Havelser/Berenbosteler Str., Tel. 05131-476253; 30853 Langenhagen, City-Center, neben City-Apotheke, Marktplatz 5, Tel. 0511-7246488; 30880 Laatzen, Leine EKZ, Marktplatz 2, Tel. 0511-8236700; 31134 Hildesheim, Angoulemeplatz 2, Fußgängerzone, Tel. 05121-57311; 32052 Herford, Lübbestr. 12-20, Fußgängerzone, Tel. 05221-529654; 32423 Minden, Bäckerstr. 72, Ende Fußgängerzone, Tel. 0571-87580; 33098 Paderborn, EKZ/Königsplatz 12, Fußgängerzone, Tel. 05251-281759; 33330 Gütersloh, Münsterstr. 6, Tel. 05241-237071; 33602 Bielefeld, Marktpassage/EG, Bahnhofstr., Tel. 0521-66152; 34117 Kassel, Untere Königsstr. 52; Fußgängerzone, Tel. 0561-14339; 35390 Gießen, Kaplansgasse 2-4, Grünes Land Shop in Shop, Tel. 0641-792393; 35576 Wetzlar, Langgasse 39, Tel. 06441-46952; 36037 Fulda, City-Haus/Laden 6, Bahnhofstr. 4, Tel. 0661-240638; 37073 Göttingen, Gronerstr. 57/58, Tel. 0551-44700; 38100 Braunschweig, Vor der Burg 8, Fußgängerzone Innenstadt, Tel. 0531-42032; 38440 Wolfsburg, Südkopfcenter, Porschestr.102, Tel. 05361-15004; 38640 Goslar, Kaiserpassage; 39326 Hermsdorf, Elbe Park EKZ, Tel. 039206-52207; 40212 Düsseldorf, Schadowstr. 80, Tel. 0211-357105; 40721 Hilden, Bismarckpassage, zwischen Mittelstr. und Warington-Platz, Tel. 02103-581937; 41061 Mönchengladbach, Hindenburgstr. 173, Fußgängerzone, Tel. 02161-22728; 41236 Mönchengladbach-Rheydt, Galerie am Marienplatz, Stresemannstr. 1-7, Tel. 02166-619739; 41460 Neuss, Oberstr./Ecke Zollstr., Fußgängerzone, Tel. 02131-276708; 41539 Dormagen, Kölner Str. 98, Rathaus-Galerie, Tel. 02133-49045; 41747 Viersen, Hauptstr. 85, Fußgängerzone, Tel. 02162-350549; 42103 Wuppertal-Elberfeld, Herzogstr. 28, Fußgängerzone, Tel. 0202-441281; 42275 Wuppertal-Barmen, Alter Markt 7, Tel. 0202-551753; 42551 Velbert, Friedrichstr. 168, Fußgängerzone; 42651 Solingen, Hauptstr. 28, Fußgängerzone, Tel. 0212-204041; 42853 Remscheid, Alleestr. 30, Fußgängerzone, Tel. 02191-420867; 44135 Dortmund, Lütge-Brück-Str. 12, Ecke Bissenkamp, Tel. 0231-578936; 44575 Castrop-Rauxel, EKZ Widumer Platz, Tel. 02305-27215; 44623 Herne, Bahnhofstr. 45, Fußgängerzone/Ecke Neustr., Tel. 02323-53021; 44787 Bochum, Kortumstr. 33, Fußgängerzone, Tel. 0234-66123; 44791 Bochum, Ruhrpark Shopping Center, Tel. 0234-238516; 44801 Bochum, Uni-Center Querenburg, Querenburger Str.; 45127 Essen, City-Center, Porscheplatz 21, Tel. 0201-221295; 45276 Essen-Steele, Bochumer Str. 16, Fußgängerzone, Tel. 0201-512104; 45329 Essen-Altenessen, EKZ Altenessen, Altenessener Str. 411, Tel. 0201-333617; 45468 Mühlheim, Forum City, Hans-Böckler-Platz 10, Tel. 0208-34907; 45472 Mülheim, Rhein-Ruhr-Zentrum, Eingang Süd Z1, Tel. 0208-498192; 45525 Hattingen, Obermarkt 1, Fußgängerzone, Tel. 02324-55691; 45657 Recklinghausen, Kunibertistr. 28, Am Kuni-Tor, Fußgängerzone, Tel. 02361-24194; 45768 Marl, EKZ Marler Stern, Obere Ladenstr. 68, Tel. 02365-56429; 45879 Gelsenkirchen, Klosterstr. 13, Tel. 0209-208963; 45897 Gelsenkirchen-Buer, Horsterstr. 4, Tel. 0209-398889; 45964 Gladbeck, Hochstr. 29-31, Fußgängerzone, Tel. 02043-21293; 46047 Oberhausen, CentrO, CentrOallee 150, Neue Mitte Oberhausen, Tel. 0208-21970; 46049 Oberhausen, Bero-Center 110, Eingang Nord 1, Tel. 0208-27065; 46236 Bottrop, Kirchplatz 4, Fußgängerzone, Tel. 02041-684484; 46282 Dorsten, Recklinghäuserstr. 4, Tel. 02362-45748; 46397 Bocholt, Osterstr. 51, Fußgängerzone, Tel. 02871-186024; 46483 Wesel, Hohe Str. 26, Fußgängerzone, Tel. 0281-34794; 46535 Dinslaken, Neustr. 31-33, Tel. 02064-72328; 47051 Duisburg, Königstr. 42, Fußgängerzone, Tel. 0203-284497; 47441 Moers, EKZ Neumarkt-Eck, am Rathaus, Tel. 02841-23771; 47798 Krefeld, Hansa Zentrum 42/43, am Hauptbahnhof, Tel. 02151-395635; 47798 Krefeld, Neumarkt 2, Tel. 02151-22547; 48143 Münster, Ludgeristr. 114, Tel. 0251-42352; 48282 Emsdetten, EKZ mit Kino, Bahnofstr. 2-8, Tel. 02572-88447; 48431 Rheine, Münsterstr. 6, Fußgängerzone, Tel. 05971-13548; 49074 Osnabrück, Große Str. 84-85, Neue Passage, Tel. 0541-201373; 50672 Köln, Bazaar de Cologne/Mittelstr. 12-14, Tel. 0221-256606; 50678 Köln-Südstadt, Severinstr. 53, Tel. 0221-3100018; 50765 Köln, City Center Chorweiler, Mailänder Passage 1, Tel. 0221-7088940; 50823 Köln-Ehrenfeld, Venloerstr. 336, Tel. 0221-5103342; 51373 Leverkusen, Hauptstr. 73, Fußgängerzone, Tel. 0214-403131; 51643 Gummersbach, Wilhelmstr. 7, Vollkorn Naturwaren GmbH, Tel. 02261-64784; 52062 Aachen, Rethelstr. 3, Ecke Büchel, am Markt, Tel. 0241-25254; 52062 Aachen, Adalbertstr. 110. Tel. 0241-20453; 52222 Stolberg, Rathausgalerie, Steinweg 83-89, Tel. 02402-21245; 52249 Eschweiler, Grabenstr. 66, Fußgängerzone, Tel. 02403-15286; 52349 Düren, Josef-Schregel-Str. 48, Tel. 02421-10082; 53111 Bonn, Poststr. 4, am Hauptbahnhof, Tel. 0228-636667; 53177 Bonn Bad Godesberg, Theaterplatz 2; 53757 St. Augustin, Huma EKZ, Rathausallee 16, Tel. 02241-27040; 53879 Euskirchen, Kino-Center-Galeria, Berliner Str./Ecke Kapuziner Str., Tel. 02251-782191; 54290 Trier, Neustr. 66, Tel. 0651-48241; 54290 Trier, Fleischstr. 11; 55116 Mainz-Altstadt, Kirschgarten 4, Tel. 06131-228141; 55116 Mainz, Lotharstr. 9, Fußgängerzone, Tel. 06131-238373; 56068 Koblenz, Löhrstr. 16-20, Fußgängerzone, Tel. 0261-14925; 56564 Neuwied, Langendorfer Str. 111, Fußgängerzone, Tel. 02631-357661; 57072 Siegen, Marburgerstr. 34, Oberstadt, Tel. 0271-54540; 58095 Hagen, Elberfelderstr. 64, Tel. 02331-17438; 58452 Witten, Bahnhofstr. 38, Fußgängerzone, Tel. 02302-275122; 58511 Lüdenscheid, EKZ Stern Center/Eingang Altenaer Str., Tel. 02351-22907; 58636 Iserlohn, Alter Rathausplatz 7, Tel. 02371-23296; 59065 Hamm, Bahnhofstr. 1c, Tel. 02381-20245; 59227 Ahlen, Oststr. 44, Fußgängerzone, Tel. 02382-806677; 59555 Lippstadt, Lippe-Galerie/Eingang Kahlenstr./Langestr., Tel. 02941-58332; 60311 Frankfurt, Kaiserstr. 11, Tel. 069-291481; 60439 Frankfurt, Nord-West-Zentrum, Tituscorsostr. 2b, Tel. 069-584800; 63065 Offenbach, Herrenstr. 37, Fußgängerzone, Tel. 069-825648; 63739 Aschaffenburg, City-Galerie, Goldbachstr. 2, Tel. 06021-12662; 64283 Darmstadt, Wilhelminenpassage, Tel. 06151-22078; 64283 Darmstadt, Elisabethenstr. 18, Fußgängerzone (ab Juli 1997); 65183 Wiesbaden, Mauritius Galerie 2, Tel. 0611-378166; 66111 Saarbrücken, Dudweilerstr. 12, Tel. 0681-3908994; 66424 Homburg/Saar, Saarpfalz-Center, Talstr. 38a, Tel. 06841-5351; 67059 Ludwigshafen, Bismarckstr. 106, Fußgängerzone, Tel. 0621-526664; 67547 Worms, Obermarkt 12, Obermarkt/Hafergasse, Tel. 06241-88462; 67655 Kaiserslautern, Pirmasenser Str. 8, Fußgängerzone, Tel. 0631-696114; 68159 Mannheim, Kurpfalzpassage, Tel. 0621-154662; 69115 Heidelberg, Das Carée, Rohrbacherstr. 6-8d, Tel. 06221-166825; 70173 Stuttgart, Lautenschlagerstr. 3, am Hauptbahnhof, Tel. 0711-291469; 70372 Stuttgart-Bad

Cannstatt, Bahnhofstr. 1-5, Fußgängerzone, Tel. 0711-562113; 71084 Böblingen, Kaufzentrum, Sindelfinger Allee, Tel. 07031-233664; 71638 Ludwigsburg, Marstall-Center, Fußgängerzone, Tel. 07141-902879; 72764 Reutlingen, Metzgerstr. 4, Tel. 07121-320415; 73430 Aalen, Marktplatz 20, Tel. 07361-66543; 73728 Esslingen, Roßmarkt 1; 73733 Esslingen, Neckar-Center, Weilstr. 227, Tel. 0711-386905; 74072 Heilbronn, Sülmerstr. 34, Fußgängerzone, Tel. 07131-962138; 75172 Pforzheim, Bahnhofstr. 10, Tel. 07231-353071; 76133 Karlsruhe, Kaiserstr. 170, Tel. 0721-24845; 76829 Landau, Rathausplatz 10, Fußgängerzone, Tel. 06341-85818; 77652 Offenburg, Steinstr. 28; 78050 Villingen-Schwenningen, Niedere Str. 37, Tel. 07721-32575; 78224 Singen, Scheffelstr. 9, Fußgängerzone, Tel. 07731-68642; 78462 Konstanz, Hussenstr. 24, Fußgängerzone, Tel. 07531-15329; 78532 Tuttlingen, Hecht Carré, Königstr. 2, Fußgängerzone Marktplatz, Tel. 07461-76961; 79098 Freiburg, Oberlindenpassage, Herrenstr. 49, Tel. 0761-381213; 80331 München, Sendlingerstr. 66/Asamhof, Tel. 089-264159; 80797 München-Schwabing, Schleißheimer Str. 100/Ecke Görrestr., Tel. 089-1238685; 83022 Rosenheim, Stadtcenter/Kufsteiner Str. 7/Brixstr., Tel. 08031-33536; 83278 Traunstein, Maxstr. 33, Tel. 0861-69506; 85057 Ingolstadt, Am West Park 6, Nähe Klinikum, Tel. 0841-87822; 86150 Augsburg, Viktoriapassage, Bahnhofstr. 26-30, Tel. 0821-155482; 87435 Kempten, Fischersteige 4, Tel. 0831-24503; 88212 Ravensburg, Eisenbahnstr. 8, Tel. 0751-14489; 89073 Ulm, Neue Str. 93, Tel. 0731-60909; 90402 Nürnberg, Grand Bazar, Karolinenstr. 45/Ecke Krebs- und Brunnengasse, Tel. 0911-232533; 90403 Nürnberg, Pfannenschmiedgasse 1, Fußgängerzone; 90762 Fürth, City-Center, Alexanderstr. 11, Tel. 0911-773663; 91054 Erlangen, Hauptstr. 46, Tel. 0913-201043; 91126 Schwabach, Königstr. 2, Fußgängerzone, Tel. 09122-16849; 92637 Weiden, Mooslohstr. 123, Tel. 0961-27710; 93047 Regensburg, Maximilianstr. 14/Königstr.; 95028 Hof, Ludwigstr. 47, Tel. 09281-3641; 96052 Bamberg, EKZ Atrium, Ludwigstr. 2, Tel. 0951-202588; 96450 Coburg, Steinweg 24, Fußgängerzone, Tel. 09561-99414; 97070 Würzburg, Kaiserstr. 16, Tel. 0931-15608; 99085 Erfurt, Thüringen Shopping Park, Nordhäuser Str. 7b, Tel. 0361-7462048.
DAS NEUE STECKENPFERD, 24768 Rendsburg, Nienstadtstr. 10, Tel./Fax 04331-24243.
* STELLA-ESSENZEN, 73066 Uhingen, Bleichereistr. 41, Tel. 07161-939630, Fax 07161-939631.
* STEPHAN, 59755 Arnsberg, Mendenerstr. 14, Tel. 02932-25000.
* STERNTALER NATURLADEN, 42651 Solingen, Am Neumarkt 27, Tel. 0212-10332; 42929 Wermelskirchen, Kölnerstr. 36, Tel. 02196-93982.
* SUNCOS GmbH, 61169 Friedberg, Kaiserstr. 113, Tel./Fax 06031-62597; 61184 Karben, Bahnhofstr. 24, Tel. 06039-95196; 61348 Bad Homburg, Rathausstr. 5a, Tel. 06172-21918.
SYLVI'S NATURLADEN, 47906 Kempen, Judenstr. 19, Tel. 02152-54590; 13595 Berlin, Pichelsdorferstr. 93, Tel. 030-3317878; 88489 Wain, Obere Dorfstr. 37, Tel. 07353-1465.
* DER UMWELTLADEN, 88427 Bad Schussenried, Keilbachstr. 7, Tel. 07583-4177 oder 4293.
VITALIS-APOTHEKE, 59556 Lippstadt-Cappel, Beckumer Str. 214, Tel. 02941-78972.
* VON DER GATHEN BIOCOSMETIC, 40211 Düsseldorf, Am Wehrhan 24, Tel. 0211-1640355; 50672 Köln, Ehrenstr. 35, Tel. 0221-256636.
WASCH- UND PFLEGEECKE, 91710 Gunzenhausen, Lindenstr. 2b, Tel. 09831-7429.
WASCHKÜCHE, 95213 Münchberg, Friedrich-Ebert-Str. 70.
YIN YANG, 63897 Miltenberg, Hauptstr. 24, Tel./Fax 09371-68099.

In der Schweiz:
DORF-LÄDELI, CH-8863 Buttikon, Kantonsstr. 49, Tel. 0041-55-4441854.
DROGERIE LEHNER, CH-3097 Liebefeld, Kirchstr. 15, Tel. 0041-31-9714612, Fax 0041-31-9725309.
* INTERWEGA Handels AG, CH-8863 Buttikon, Postfach 125, Tel. 0041-55-4441854, Fax 0041-55-4442477.

In Österreich:
* CREATIV-COSMETIK, A-5020 Salzburg, Ganshofstr. 8, Tel. 0043-662-848802 und 434228, Fax 0043-662-848803.
NATUR PUR, A-1070 Wien, Kirchengasse 25-27, Tel. 0043-1-5262129.

Die mit * gekennzeichneten Firmen betreiben auch Versandhandel.
Einige Substanzen erhalten Sie auch in Reformhäusern, Drogerien, Apotheken, Bioläden und Lebensmittelläden. Vergleichen Sie die Preise!

Hinweis:
Autoren und Verlag bemühen sich, in diesem Verzeichnis nur Firmen zu nennen, die hinsichtlich der Substanzen und Preise zuverlässig und günstig sind. Trotzdem kann eine Gewährleistung von Autoren und Verlag nicht übernommen werden. Irgendwelche Formen von gesellschaftsrechtlicher Verbindung, Beteiligung und/oder Abhängigkeit zwischen Autoren und Verlag einerseits und den hier aufgeführten Firmen andererseits existieren nicht.

Weitere Hobbythekbücher

Darm & Po

In den letzten 15 Jahren haben Krankheiten der Verdauungsorgane um 50 Prozent zugenommen. Aber: Ob Durchfall oder Verstopfung, ob chronisch entzündliche Darmerkrankungen oder Hämorrhoiden, eine vernünftige ballaststoffreiche Ernährung und eine sanfte Darmpflege – von innen und außen – könnten viele dieser Beschwerden beheben. Neuste wissenschaftliche Erkenntnisse belegen außerdem, daß ein gesunder Darm ein wichtiger Teil unseres Immunsystems ist. Hier werden Krankheitserreger identifiziert, Abwehrzellen aktiviert und vorbeugende Informationen gespeichert.
Für Ihre Gesundheit hat das Hobbythek-Team auf der Basis dieser Informationen Tips und Rezepte für eine besonders ballaststoffreiche, schmackhafte Ernährung sowie Cremes, Salben und Zäpfchen für eine sinnvolle Darm- und Analpflege entwickelt.

*

Essen Sie sich gesund

Außer vielen interessanten Tips und Hinweisen für eine grundsätzlich gesunde Ernährung finden Sie in diesem Buch zahlreiche Rezepte zu den Themen:

- Richtige Ernährung für seelisches Wohlbefinden
- Richtige Ernährung gegen Mineralstoffmangel
- Optimale Ernährung für Sportler
- Herzgesunde Kost
- Stärkung der Knochen: Essen gegen Osteoporose
- Richtige Ernährung bei Gicht und Rheuma
- Was tun bei unerklärlichen Bauchschmerzen oder Milchzuckerunverträglichkeit?
- Richtige Ernährung contra Candida
- Richtige Ernährung für guten Schlaf

Und natürlich bleibt das Hobbythekteam seinem höchsten Grundsatz treu: Essen muß nicht nur gesund sein – es soll auf jeden Fall auch gut schmecken!

*

Spinnrad
DIE DROGERIE
Frank Busemann
hält sich fit mit
Frusip's
Der Basis-Sirup der HOBBYTHEK
Die umweltfreundliche Alternative
zu Fertiggetränken in mehr als
30 Geschmacksrichtungen
Für Umwelt und soziale Verantwortung
ÜBER 160 LÄDEN IN DEUTSCHLAND!
Frank Busemann
Olympia-Silbermedaillen-Gewinner
im Zehnkampf Atlanta 1996
Sportler des Jahres 1996
Cappuccino
40fach konzentriert
250 ml
Pink Grapefruit
40fach konzentriert
250 ml
Multivitamin-Mehrfrucht
20fach konzentriert
250 ml
Spinnrad GmbH • Am Luftschacht 3a • 45886 Gelsenkirchen Tel.: 0209/17000-0 Fax: 0209/17000-40 E-mail:Spinnrad@umwelt.de